L'ATHÉE,

ou

L'HOMME ENTRE LE VICE

ET LA VERTU.

A SA MAJESTÉ

LE ROI DE PRUSSE.

SIRE,

A une époque désastreuse de notre révolution, l'athéisme fut proclamé et dans les assemblées du peuple et du haut de la tribune nationale. Ce système fit, pour le moment, d'autant plus de prosélytes, qu'il étoit offert par l'ignorance à la cupidité.

Bien jeune encore, et foible par conséquent, j'entrepris de lutter contre le monstre. Pour le tenter avec quelque succès, il ne s'agissoit pas de l'attaquer dans l'ombre à l'aide d'écrits polémiques, qu'on eût couverts de ridicule s'ils eussent trouvé des lecteurs, mais bien de l'affronter publiquement sur la scène, là où la multitude affluoit plus que jamais.

Dans cette intention je composai la pièce de l'*Athée*. Les comédiens l'accueillirent; ils alloient la jouer, lorsque le procureur de la commune de Paris, qui s'étoit arrogé la censure de tous les ouvrages dramatiques, me déclara que le mien ne seroit représenté qu'autant que je consentirois à changer le caractère des deux principaux personnages ; c'est-à-dire, que de l'*Athée* je ferois un homme de bien, et du *Déiste* un scélérat. Pour toute réponse je saluai Chaumette et me retirai. Si j'avois accepté sa proposition, j'aime à croire, quelle que fût la démoralisation du jour, que le public assemblé auroit fait justice d'une pareille infamie.

Quoi qu'il en soit, des gouvernemens qui se succédèrent depuis lors, aucun ne consentit, soit pour une raison, soit pour une autre, que l'on jouât l'Athée.

De 1793 à 1818, les hommes et les choses se sont tellement pressés chez nous et refoulés sur eux-mêmes, que ce qui étoit vraiment pieux hier, seroit irréligieux aujourd'hui. Le déisme, enfant de la raison et de la reconnaissance, qui eût été pour la France un bienfait à certaine époque, y seroit maintenant un attentat contre le culte dominant. Quels que soient les argumens de l'Athée, ce n'est pas d'eux dont on me ferait un crime, et j'en sais bien la cause, mais on ne laissera pas jouer un drame dont la morale repose sur des maximes telles que celles-ci:

« Tous les cultes sont bons, quand ils ont Dieu pour base,

« . . . .

« Dieu ne nous juge pas d'après notre croyance,
« Ce sont nos actions qu'il met dans la balance.

« . . . . ,

« Oui, des peuples divers, si l'Éternel lui-même
« Eût voulu recevoir un hommage pareil,
« Pour qu'on n'altérât point sa volonté suprême,
« Il eût gravé sa loi dans l'orbe du soleil.

Il faut donc que je renonce à voir jouer cette pièce; l'amour-propre de l'auteur y gagne beaucoup peut-être en ce qu'elle eût pu ne point avoir de succès. Si au contraire elle renferme quelque chose de bon, d'utile, je me consolerai de sa non représentation, par l'espoir que VOTRE MAJESTÉ voudra bien agréer l'hommage respectueux que je lui fais de cet ouvrage, comme à un prince religieux qui, ne faisant acception d'aucun culte quand il repose sur la Divinité, est loin d'adopter pour sa religion celle qui prononce anathème contre les autres.

Je suis, avec le plus profond respect,

SIRE,

DE VOTRE MAJESTÉ,

Le très-humble et très-obéissant serviteur

LOMBARD DE LANGRES,
ancien ambassadeur à la Haye.

Paris, le 1 mars 1818.

NOTE

SUR L'ATHÉE.

~~~~~~~~~~

Une pièce allemande m'a donné l'idée de cet ouvrage. J'avois vingt-quatre ans quand je l'achevai: il y en a vingt-cinq qu'il fut reçu à *l'unanimité* par deux théâtres, celui *des François* et celui de la *République.*

Les rôles en furent distribués, à différentes époques, à MM. Monvel, Talma, Damas, Dugason et Michaud du théâtre de la République ; MM. Molé, Saint-Prix, Saint-Fal, Dazincourt et La Rochelle du théâtre Français; mais, toujours au moment de jouer la pièce, les divers gouvernemens qui se succédèrent en arrêtèrent la représentation.

Sans parler des autres reproches qu'on pourra lui faire, l'Athée peut paroître défectueux sous plusieurs rapports; c'est un drame; il n'a qu'une étendue de quatre actes; les rimes en sont croisées; je n'y ai point introduit de femmes.

Avec du travail, plusieurs de ces défauts eussent disparu, peut-être, sans les conseils d'un homme dont les talens, comme acteur et comme auteur, furent pour moi une autorité ; je veux parler de Monvel. Si je citois ce qui me fut dit par lui au comité après la lecture de cette pièce, je serois un fat. Ce que je me permettrai de rapporter, c'est que, cette lecture finie, l'ouvrage reçu, il prit le manuscrit et me pria de l'accompagner. Arrivé chez lui, il en fit la lecture à haute voix et me dit ensuite : « Cette production est extraordinaire ; elle est d'un seul jet, retouchez quelques vers, mais gardez-vous d'y rien changer. »

Si, en fait d'ouvrage dramatique, l'opinion de Monvel, je le répète, étoit alors pour moi d'un grand poids, elle peut être nulle pour beaucoup. Je m'attends donc à des critiques, je dis à des critiques amères. Par le temps qui court, en littérature comme en politique, la décence et l'impartialité ne sont guère de mise.

L'ATHÉE,

ou

L'HOMME ENTRE LE VICE

ET LA VERTU.

PERSONNAGES.

TERVILLE, athée.

LE LORD VARMON, déiste.

BELFORT, jeune homme entre le vice et la vertu.

JERWICK, vieillard, valet de Belfort.

THOM, valet de Terville.

WILLIAM, fripon aux gages de Terville.

DEUX ANNONCES.

La scène se passe à une lieue de Londres.

L'ATHÉE,

OU

L'HOMME ENTRE LE VICE

ET LA VERTU.

ACTE PREMIER.

(Le théâtre représente une campagne : deux pavillons sont
aux extrémités).

SCÈNE PREMIÈRE.

TERVILLE, THOM.

TERVILLE.

QUEL fâcheux contre-temps! quel sot événement!
Il n'en faut pas douter, si je perds un moment,
Ma victime m'échappe; et, malgré ma prudence,
Je ne puis de long-temps assouvir ma vengeance.

THOM.

Toujours de noirs projets !

TERVILLE.

Eh ! ne l'as-tu pas vu ?

THOM.

Qui ?

TERVILLE.

Pour m'assassiner, exprès il est venu.

THOM.

Qui donc, Monsieur ?

TERVILLE.

Varmon. Cet affreux personnage
A Londres s'est trouvé cent fois sur ton passage.

THOM.

J'y suis.

TERVILLE.

C'est fort heureux !

THOM.

Mais je disois aussi,
Cet homme m'est connu..... Que vient-il faire ici ?

TERVILLE.

Déjà, pour le savoir j'ai tout mis en usage :
Ses gens me sont vendus; instruit de ses projets,
Je veux l'envelopper de ses propres filets.

THOM, *montrant un des pavillons.*

Là, l'hôtel qu'il habite. . . . .

TERVILLE.

Eh bien !

THOM, *montrant l'autre pavillon.*

Ici, le vôtre.

Si vous avez, Monsieur, quelque maille à partir,

De ces paisibles lieux sans qu'il faille sortir,

Vous pouvez aisément vous tuer l'un ou l'autre.

TERVILLE.

C'est aussi mon projet. . . . Tu recules d'effroi ?

THOM.

C'est que je sais, Monsieur. . . . . .

TERVILLE.

Et que sais-tu, dis-moi.

THOM.

Que votre rang, vos biens, surtout votre naissance,

Peuvent vous garantir d'un trop juste trépas ;

Mais que moi, malheureux, qui marche sur vos pas,

Rien ne peut du gibet sauver mon excellence ;

Voilà ce que je sais.

TERVILLE.

Avec de la prudence

On se soustrait à tout.

THOM.

Hors à sa conscience.

TERVILLE.

Sottise !

THOM.

Ah! qu'un mortel qui ne craint pas les cieux....

TERVILLE.

Est pour le monde entier un monstre dangereux?
Voilà ce qui s'appelle un beau trait de morale;
Et, pour mieux imiter ton sublime jargon,
Je te dirai, mon cher, que, poussé du démon,
Il me vient en l'esprit une idée infernale,
Et que tu serviras.

THOM.

Moi?

TERVILLE.

Toi-même, sinon.....

THOM.

Pour le faire marcher constamment sur vos traces,
Qu'est-il besoin, Monsieur, d'employer les menaces?
Vos ordres, qu'en tout temps il n'a que trop suivis,
Vous sont un sûr garant que Thom vous est soumis.
Il écoute en silence.

TERVILLE.

Après un long voyage,
Tu sais que je revins habiter ce rivage,
Où je reçus le jour. Londres, dans ce moment,
Sembloit émerveillé du mérite brillant
Qu'étaloit à ses yeux un philosophe unique,
Être bouffi d'orgueil et gonflé de venin;
Espèce de Caton de nouvelle fabrique,
Détracteur éternel de tout le genre humain,

Qui, cachant ses défauts et dévoilant les nôtres,
N'affiche la vertu que pour blâmer les autres.
On l'adoroit enfin. Ah ! qu'on trompe aisément
L'homme qui n'a pour lui que l'inexpérience !
Sectateur des vertus qu'étale un intrigant,
Le peuple est tous les jours dupe de l'apparence :
Au parti du plus fort sans cesse il est vendu ;
Quand le crime est heureux, il l'érige en vertu.
Voilà comme à nos yeux, dans le siècle où nous sommes,
On vit des scélérats passer pour de grands hommes.
On ne citoit que lui, que son humanité,
Son amour pour les lois, ses mœurs, son éloquence,
Et surtout son respect pour la divinité,
Dont il servoit la cause et prenoit la défense.
Indigné de sa gloire et sûr de l'obscurcir,
J'entrepris d'éclipser ce nouveau météore :
J'attaquai sa morale, et ne pus réussir ;
Partout il fut vainqueur ! et Londres, que j'abhorre,
Proscrivant mes écrits pour couronner les siens,
Me couvrit d'infamie et le combla de biens.

THOM.

Cet homme, c'est Varmon.

TERVILLE.

Lui-même. Non, l'envie
N'eut jamais de tourmens plus horribles que ceux
Dont elle vint alors empoisonner ma vie.
Ce Varmon est pour moi d'autant plus odieux
Que ce cœur ulcéré, brûlant d'impatience,
Ne respecte les jours de cet audacieux
Que pour mieux s'abreuver d'une longue vengeance.

THOM.

Quel sera donc l'effet d'une telle fureur,
Si rien que d'en parler vous frissonnez d'horreur?

TERVILLE.

Tu ne vois pas encor le trait qui me déchire,
Le trait envenimé qui combla mon délire.
Fatigué des succès d'un vainqueur insolent,
Je cherchois dans l'amour un remède à ma peine;
Adorateur zélé d'un objet séduisant,
Déjà je me flattois d'attendrir l'inhumaine,
Lorsqu'un ami m'apprend, croyant briser ma chaîne,
Que le nom de Jenny n'étoit pas son vrai nom;
Qu'elle étoit orpheline et la sœur de Varmon;
Qu'on ne pouvoit prétendre à cet objet aimable,
Sans demander l'aveu de cet homme effroyable.
Le demander, moi?...Thom, tu crois qu'au même instant
Confondant dans mon cœur la sœur avec le frère,
L'amour céda la place à ma juste colère;
Tu crois que j'étouffai mon amoureux penchant:
Erreur! chez moi l'amour est un feu dévorant,
Et qui prit d'autant plus d'empire sur mon âme,
Que c'étoit me venger que d'assouvir ma flâme.
Déshonorer Varmon, en ravissant Jenny,
C'eût été droit au cœur frapper mon ennemi;
J'échouai.

THOM.

Quoi?

TERVILLE.

Vendus au courroux qui me guide,
Deux hommes déguisés, en servant mon projet,

Succombèrent soudain sous un fer homicide.
Belfort les poignarda ; Belfort , amant secret
De la beauté fatale à qui je sacrifie ,
L'arracha de leurs mains en leur ôtant la vie ;
Et , fier de son triomphe , à Varmon aussitôt
Courut restituer ce précieux dépôt.

THOM.

Mais ce Belfort n'est pas, ou du moins je le pense ,
Le même que celui que j'aperçois ici,
Pour lequel vous portez si loin la complaisance ;
Que vous aimez en frère et traitez en ami ?

TERVILLE.

Lui ! Les deux ravisseurs étant morts sur la place,
De l'auteur du complot, malgré beaucoup d'efforts,
On ne put parvenir à découvrir la trace.
Ce succès imprévu ralluma mes transports.
Pour oublier Jenny , pour oublier ses charmes ,
De Varmon triomphant me rappelant les coups,
Sans cesse contre lui j'attisai mon courroux :
Calculant tous mes maux, songeant à mes alarmes,
Je me le figurai semblable à ce vautour ,
Qui, contre Prométhée acharné nuit et jour ,
Autant que de son sang, se repaît de ses larmes.
Inutiles efforts ! pour vaincre mon amour,
La fureur ne m'offrit que d'impuissantes armes.
Je périssois enfin. Alors, le croiras-tu ?
Ne pouvant surmonter un penchant que j'abhorre,
Ce cœur désespéré, mais soumis, mais vaincu,
Immola sa vengeance à l'objet qu'il adore.
D'un dépit concentré j'étouffai les progrès ;
Sous les pas de Varmon comblant le précipice,

De ma haine pour lui je fis le sacrifice.
J'entrepris d'oublier ma honte, ses succès,
Son bonheur, mes tourmens, sa gloire, mon supplice:
A lui tout pardonner j'appliquai tous mes soins;
Par un effort plus grand qu'on ne le sauroit dire,
Je me promis, non pas de l'aimer, mais du moins
De ne plus le haïr. Enfin, dans mon délire,
D'un hymen abhorré mendiant la faveur,
Je fus, en suppliant, lui demander sa sœur.
Il m'écoute, il sourit.....sais-tu ce qu'il prononce?
Eh! pourquoi rappeler un refus déchirant?
Ma fureur dit assez quelle fut sa réponse.
Et je le laissai vivre, et mon bras à l'instant
Ne me fit pas raison de ce nouvel outrage!
Non, c'eût été trop peu que de verser du sang :
Il falloit égaler son supplice à ma rage;
La mort n'est qu'un sommeil, et je veux des tourmens.
Bien plus, si j'eusse alors immolé ma victime,
D'un peuple encore épris de ses rares talens,
Varmon eût emporté les regrets et l'estime;
Et loin de me venger en creusant son tombeau,
La mort n'étoit pour lui qu'un triomphe nouveau.
Il falloit donc tenter un coup plus téméraire.
Belfort dont j'ignorois l'existence éphémère,
Avant qu'il eût porté le poignard dans mon sein;
Belfort, victorieux, et, le fer à la main,
Me ravissant Jenny pour la rendre à son frère,
En reçut tout le prix que demandoit son cœur,
L'amitié de Varmon et l'amour de sa sœur.
Simple encore et sortant des mains de la nature,
Joignant à la candeur une heureuse figure,

Belfort réunissoit à tous les agrémens
Le cœur le plus sensible et l'ame la plus pure;
Objet de tous leurs vœux, de tous leurs sentimens,
Pour lui, Jenny, Varmon auroient donné leur vie;
Belfort en fut aimé jusqu'à l'idolatrie.

THOM.

Vous frémissez?

TERVILLE.

Oui, mais c'est de plaisir! ce cœur
Ne peut voir sans délice approcher la vengeance.

THOM.

Je ne vous comprends pas; quoi! cette préférence?.

TERVILLE.

Termina mon supplice et commença le leur.
En frappant ce Belfort, leur unique espérance,
Je frappois et Varmon et sa sœur à la fois.
Thom, c'étoit d'un seul coup les immoler tous trois;
J'y parvins. Ne crois pas qu'en menaçant sa vie,
Mon bras ait sur Belfort exercé sa furie.
Son trépas, j'en conviens, à Varmon, à Jenny
Eût causé pour l'instant une douleur extrême,
Mais ce chagrin trop tôt eût été démenti;
Quand on perd sans ressource un objet trop chéri,
Le remède à nos maux est dans le mal lui-même:
La douleur s'affoiblit en pleurant ce qu'on aime,
Et son trépas bientôt est suivi de l'oubli.
Mais avoir sous ses yeux l'objet de sa tendresse,
Et le voir chaque jour se perdre, s'avilir,
Préférer à l'honneur la honte et la bassesse,

Le mépriser enfin sans pouvoir le haïr :
Voilà le ver rongeur qui nous mine sans cesse,
Celui que j'ai placé dans le cœur de Jenny,
Dans le sein de Varmon ; Belfort est avili.
Par des dehors trompeurs je captai son suffrage,
Je fis à tous ses sens parler la volupté ;
Et bientôt entraîné par son humeur volage,
Avide de plaisirs comme on l'est à son âge,
Il réduisit son père à la mendicité.
Jouant le sentiment, il crut à mon langage ;
Et lorsque dans mes fers je le vis arrêté,
Je lui fis délaisser ce père respectable,
J'extirpai de son cœur l'amour de la vertu,
Je le rendis parjure ; enfin il est perdu :
Et pour en faire un être en tout point méprisable,
Calculant sa foiblesse ainsi que mes efforts,
Je sus, pour mon plaisir, lui laisser des remords.

THOM, à part.

Dieu ! quelle horreur !

TERVILLE.

Honteux de trouver par la ville
D'insolens créanciers dont l'aspect le fait fuir,
Dans ces lieux écartés je lui donne un asile
Ou je sus l'enchaîner par l'attrait du plaisir.
A mes soins assidus quoiqu'il daignât répondre,
Son amour cependant le rappeloit à Londre.
Les sermens les plus saints l'enchaînoient à Jenny ;
Le jour de leur hymen avoit été choisi ;
Eh bien ! ce même jour, sachant, avec adresse,
Diriger et la plume et l'esprit de Belfort,

Je lui fis, sous mes yeux, écrire à sa maîtresse,
Qu'il reprenoit sa foi, lui rendoit sa promesse,
Et qu'au joug de l'hymen il préféroit la mort.
Qui n'eût cru, comme moi, que cet écrit terrible
Porteroit à Varmon le coup le plus sensible,
Et que, désespérant de le conduire au port,
Il abandonneroit le parjure à son sort?
Aujourd'hui, cependant, découvrant sa retraite,
Il vient dans ce séjour l'arracher de mes bras.
L'arracher! Lui?....Belfort ne me quittera pas.
A me le disputer en vain Varmon s'apprête,
Belfort, fait à mon joug, ne se meut qu'à mon gré;
C'est une molle argile, et je la pétrirai;
Mais c'est lui que je vois.

(Terville va au-devant de Belfort; Thom
s'éloigne avec indignation.)

SCÈNE II.

TERVILLE, BELFORT,

TERVILLE.

       Quelle sombre tristesse
Obscurcit un visage où brilloit l'allégresse?

BELFORT.

Cette sérénité n'est qu'un calme trompeur;
La paix depuis long-temps n'habite plus mon cœur.

TERVILLE.

Encor de longs soupirs?

BELFORT.

Oui, telle est ma foiblesse;
Rien ne peut alléger le chagrin qui m'oppresse.

TERVILLE.

Vous m'effrayez, mon cher, par ce ton langoureux;
Découvrez-moi l'objet de ces sanglots affreux.
Vous connoissez Terville; entre amis véritables,
Les chagrins partagés en sont plus supportables.

BELFORT.

Cette nuit je dormois d'un sommeil agité,
Lorsqu'un songe absorbant mon ame toute entière,
Dans le fond d'un cachot je me sentis jeté.
A la sombre lueur d'un flambeau funéraire
J'entrevois un mortel.. Grand dieu! c'étoit mon père!
Je demeure écrasé!!! Mais lui d'un air serein :
« Je touche, me dit-il, à mon heure dernière;
« Contemple ton ouvrage en voyant ma misère.
« Pour prix de mes bienfaits, tu fus mon assassin;
« Mais si tu t'en repens, je bénis mon destin.
« Il en est temps encor, c'est moi qui t'en convie,
« C'est moi qui t'en conjure, en te baignant de pleurs,
« Cesse de te livrer aux conseils de l'impie;
« Ses jours sont un tissu de crimes et d'horreurs.
« Il est un dieu, mon fils, il est une autre vie; »
Puis me montrant le ciel : *Tiens, voilà ta patrie !*
A ces mots il expire, et du ciel aussitôt
Un rayon de lumière entr'ouvre son cachot,
L'enveloppe à l'instant; et son ame immortelle
S'en va rejoindre en paix la justice éternelle.
Je lui tendois les bras; et mon père attendri,

Craignant de me quitter, me les tendoit aussi :
Je l'atteignois déjà, lorsqu'un monstre implacable,
Dont un masque couvroit la figure exécrable,
M'arrête, et me traînant vers un gouffre de feux,
Veut me précipiter dans cet abîme affreux :
J'y tombois ; mais Varmon, cet ami respectable,
Dont j'ai trop négligé les conseils généreux,
Me présente à l'instant une main secourable ;
Il me délivre, et moi, j'en frissonne d'horreur !
Armé par mon bourreau d'un glaive abominable,
Je déchire le flanc de mon libérateur.
L'effroi qui me saisit n'est point cette terreur
Qu'éprouve l'insensé qu'un vain fantôme accable :
Je vois, je vois encor ce spectacle effroyable,
Je le vois à mes pieds ; et, loin de me haïr,
Varmon veut m'embrasser avant que de mourir.
Je vole dans ses bras ; mais le ciel irrité,
M'écrasant de sa foudre, ainsi que mon complice,
Dans le fond des enfers je fus précipité.

TERVILLE.

Bénissons, mon ami, la céleste justice ;
Car ce monstre, après tout, ce scélérat affreux
Dont un masque emprunté couvroit le front hideux
Et qui vous entraînoit au fond du précipice....

BELFORT.

Eh bien !

TERVILLE.

C'étoit moi.

BELFORT.

Quoi! vous croiriez?...

TERVILLE.

Oui, mon cher,
Nous sommes, vous et moi, dévolus à l'enfer.

BELFORT.

Que dites-vous, Terville, est-ce là le langage
Dont se sert l'amitié quand elle nous soulage?

TERVILLE.

Esprit pusillanime et qui me fais rougir,
De ton aveuglement quand pourras-tu sortir?
Hier tu contemplois d'un œil philosophique
Ce monde qu'un hasard a formé sans dessein;
Tu méprisois alors cette terreur panique
Qu'un maître imaginaire inspire au genre humain,
Et je te vois trembler aujourd'hui pour un songe :
Réponds-moi maintenant : sur ton cœur incertain
Que peut la vérité, quand tu crois au mensonge?
Tout rêve est imposteur, et le vôtre, Belfort,
Avec ce qui vous touche est loin d'être d'accord.
Oui, Varmon est ici (*à ce mot, Belfort, étonné, reste*
anéanti.)
           Mais cet homme admirable
N'y vient pas pour vous tendre une main secourable.

(*Terville se retire dans l'enfoncement.*)

BELFORT, *sans sortir de son accablement.*

Dieu!

TERVILLE, *dans l'éloignement et pendant que Bel-*
fort est dans la stupeur.

(*Avec joie*). Quel projet! pendant que Varmon est ici,
A Londres, je pourrois faire enlever Jenny.
Ne perdons pas de temps. Va, ton rêve effroyable
M'indique les moyens d'un complot odieux :
Je vous verrai périr l'un par l'autre à mes yeux.

(*Il sort*).

SCÈNE III.

BELFORT, *seul.*

Quel trouble, cher Varmon, ta présence m'inspire !
Pour me justifier, que pourrois-je te dire?
Me justifier! moi? j'ai trop su t'outrager;
Ton cœur que j'affligeai, ta sœur que j'ai trahie....
L'on ne pardonne point à qui nous humilie.
Tu ne viens en ces lieux que pour mieux te venger :
Ton silence envers moi me le donne à comprendre,
Et Terville, d'un mot, me l'a bien fait entendre.
Venges-toi, j'y souscris; mais du moins que ta sœur,
Que cet objet charmant qui faisoit mon bonheur,
Apprenne que toujours Belfort brûla pour elle;
Qu'au moment d'obtenir et sa main et son cœur,
Au plus doux des sermens si je fus infidèle,
L'amour le plus ardent n'a cessé d'embraser
Un amant malheureux qu'elle dut oublier.

(*Ici Jerwick entre sur la scène.*)

Ah! si parfois, Jenny, ton image sublime
S'échappe malgré moi de mon cœur abattu,

2

Jenny, chère Jenny, va, c'est que la vertu
Craint d'habiter les lieux où réside le crime.

SCÈNE IV.

BELFORT, JERWICK.

JERWICK.

Oui, vous êtes coupable; et, lorsque vous sentez
L'amertume où vous plonge une vie insensée,
Vous l'êtes plus encor, si vous y persistez.

BELFORT.

Pour me parler ainsi, quelle est donc ta pensée?
Méconnois-tu ton maître?

JERWICK.

                    Oui, je le méconnois
Quand il s'agit, Monsieur, de le rendre à lui-même :
Le bon sens, croyez-moi, fut fait pour les valets
Comme pour le mortel qui porte un diadème.
Nous n'avons pas pour nous ce savoir, ce brillant,
Dont on masque au berceau l'homme de votre rang;
Mais s'il n'est pas en nous d'acheter la science,
Le ciel, pour protéger cette inexpérience,
Plaça dans tous les cœurs un juge intègre et pur
Qui nous marque du doigt le sentier le plus sûr;
Et ce juge est le cri de notre conscience.

BELFORT.

L'objet de ce discours?

JERWICK.

Est de vous convertir.

BELFORT, *avec chagrin et douleur.*

Voilà ce qui n'est pas, mon cher, en ta puissance
Non plus qu'en mon pouvoir.

JERWICK.

Quoi! de vous repentir
Auriez-vous donc aussi perdu toute espérance?
Vous ne le pouvez pas?

BELFORT, *avec douleur.*

Non, je crois fermement
Qu'il n'exista jamais un mortel sur la terre
Libre de se donner tel ou tel sentiment.
Celui qui fait le bien, le fait par caractère,
Parce que la nature, en lui donnant un cœur,
Le doua je ne sais de quel attrait vainqueur
Qui vers un but moral le dirige et l'entraîne;
Par la même raison, par le même ascendant,
Celui qui fait le mal le fait innocemment;
Un pouvoir invisible, une force inhumaine
Sous un joug criminel le prosterne et l'enchaîne.
Tu frémis, je le vois, mais c'est la vérité ;
Nul de ses actions n'a le libre exercice ;
L'univers est soumis à la fatalité.
Il n'est pas un humain qui, plongé dans le vice,
Ne se soit efforcé mille fois d'en sortir;
Il met tout en usage afin d'y parvenir;
Mais sitôt que son vol franchit le précipice,

2*

Un charme impérieux semble l'y retenir.
L'homme suit en esclave un aveugle caprice.
Pour le mal qu'il commet, il n'est point à punir;
Il n'est point à louer en suivant la justice,
Ainsi, pour les mortels, dans un monde à venir,
Il ne peut exister ni bonheur ni supplice.

JERWICK.

L'homme, pour être bon, n'a qu'à dire : je veux.
Si vous le vouliez bien, vous seriez vertueux.

BELFORT, avec sang-froid.

L'aigle est audacieux, la colombe est timide;
Le cerf fuit le chasseur, l'agneau suit qui le guide;
Le tigre de tout temps eut soif de sang humain,
Et de fidélité le chien fut un prodige.
Aucun d'eux cependant n'a choisi son instinct,
Il apporte en naissant le goût qui le dirige. (*Il sort*).

SCÈNE V.

JERWICK, <i>seul.</i>

Hélas! dans quel malheur, dans quel abîme affreux
Nous plongent les écarts d'un esprit orgueilleux!
J'ai vécu soixante ans, une affreuse misère
Entouroit mon berceau quand j'ouvris la paupière;
Forcé, pour me nourrir, de servir mon égal,
Si j'ai fait peu de bien, je n'ai point fait de mal.
Du peu que j'amassois louant la providence,
J'ai parfois de mon pain soulagé l'indigence,

Et dieu que j'ai servi, dieu qui m'a vu souffrir,
Quand la mort mettra fin à ma triste existence,
Loin de me protéger, pourroit m'anéantir?
Fuyez, songe infernal, il est une justice,
Il est un dieu vengeur, il est un dieu propice;
Aux portes du tombeau nous sommes attendus;
Là, de l'impiété commence le supplice,
Et là se donne aussi la palme des vertus.

(Il fait nuit entre le premier et le second acte.)

FIN DU PREMIER ACTE.

ACTE II.

SCÈNE PREMIÈRE.

VARMON, *seul, une lettre à la main.*

Que je suis redevable au valet de Belfort
De m'avoir indiqué l'asile de son maître !
Mais en m'entretenant de son funeste sort,
Que de trouble Jerwick en mon ame a fait naître !
(*Il lit*).« Hâtez-vous, m'écrit-il, hâtez-vous, par pitié,
« De venir au secours d'un ami déplorable ;
« Mais j'espère si peu des soins de l'amitié,
« Que je crains, malgré vous, que son sort ne l'accable.
    (*Il met la lettre dans sa poche.*)
Ah ! puissé-je, Belfort, ami cher à mon cœur,
Puissé-je, en t'arrachant des mains d'un misérable,
Aux dépens de mes jours te rendre le bonheur !

SCÈNE II.

VARMON, BELFORT.

VARMON.

Est-ce lui que je vois ? est-ce vous que j'embrasse ?
Belfort, mon cher Belfort !

BELFORT ; *se refusant à ses empressemens.*

Ménagez-moi, de grâce,
Tant de bonté, Monsieur.....

VARMON.

Cet abord me confond !
Depuis quand pour Belfort ne suis-je plus Varmon ?

BELFORT.

Depuis quand? est-ce à moi, milord, de vous l'apprendre?
Depuis que j'ai trahi l'amitié la plus tendre ;
Depuis qu'à votre sœur.....

VARMON.

Brisons là, mon ami ;
J'oubliai tous vos torts, oubliez-les aussi :
Et de nous expliquer, sans qu'il soit nécessaire,
Peut-être le premier ai-je pu vous déplaire,
Peut-être ai-je blessé ce cœur sensible et bon.
Ah ! si de votre ami vous avez à vous plaindre,
Dans ces nouveaux transports que je ne puis contraindre,
Accordons-nous, mon cher, un mutuel pardon.

(*Il embrasse Belfort de nouveau.*)

BELFORT.

Homme trop généreux, votre bonté m'accable ;
Et plus vous êtes grand, plus je me sens coupable.

VARMON.

Plût au ciel que Belfort ne le fût qu'envers moi !
Il seroit innocent.

BELFORT.

Vous me glacez d'effroi,
Expliquez-vous, milord.

VARMON.

Secret dépositaire
Des vœux formés pour vous par un père expirant,
Je vous apporte ici sa volonté dernière.

BELFORT.

Eh ! dieu ! mon père est mort.

VARMON.

Affreux événement
Qui pour le cœur d'un fils doit être salutaire.

BELFORT.

Ah ! vous l'avez brisé, ce cœur qui vous comprend ;
Mais vous ne savez pas combien il est coupable.

VARMON.

Je sais tout.

BELFORT, *effrayé.*

Vous savez ?

VARMON.

Que cet homme estimable
Ne pouvant assouvir vos lâches créanciers,
Dont il s'étoit rendu caution pour vous plaire,
Traité comme un forçat par ces vils usuriers,
Dans le fond d'un cachot est mort sur la poussière.

BELFORT.

Je ne m'attendois pas à ce coup foudroyant ;
Depuis long-temps, hélas! flétri par la misère,
Le trépas à mes yeux n'offre rien d'effrayant ;
Ce que vous m'annoncez me le rend nécessaire :
Reposez-vous sur moi du soin de mon tourment,
Avant la fin du jour j'aurai vengé mon père.

(*Il veut sortir.*)

VARMON, *l'arrêtant.*

Quand on est criminel, se plonger au tombeau,
C'est à d'autres forfaits joindre un forfait nouveau.

BELFORT.

A de tels attentats aisément l'on pardonne,
Je finis mon supplice et ne blesse personne.

VARMON.

Personne, malheureux, quand je viens te chercher,
Aux projets d'un pervers quand je viens t'arracher,
Quand ton sort est le mien et que ce cœur qui t'aime...
Mais si je ne puis rien par ma tendresse extrême,
Que l'honneur soit le frein qui dompte vos fureurs.
En vain le suicide a des approbateurs ;
L'homme n'est ici bas que pour remplir sa tâche ;
Et quand le sort sur lui fait peser le malheur,
Le vaincre est d'un héros, s'y soustraire est d'un lâche.

BELFORT.

Dévoré de chagrin et pénétré d'horreur,
Pardonnez un ami que la douleur égare.

VARMON.

Tu n'es plus mon ami, retire-toi, barbare !

BELFORT.

Ah ! Varmon, par pitié, ne me rebutez pas,
Plus que vous ne pensez votre amitié m'est chère;
Elle est l'unique bien qui me reste ici bas;
Dites que vous m'aimez, je vivrai pour vous plaire.

VARMON.

Oui, je t'aime toujours; viens, je te tends les bras;
Mais ce n'est pas pour moi, cruel, c'est pour ton père
Qu'il faut vivre aujourd'hui; c'est pour suivre les lois
Qu'il daigna te dicter de sa mourante voix.
Eloigné de la ville où cet homme équitable
Gémissoit sous les fers d'une horde intraitable,
Je ne fus informé de son funeste sort
Q'au moment où Berwick approchoit de la mort.
Je cours, je fais briser le lien qui l'accable;
J'ose le soulever, en l'arrosant de pleurs,
Pour l'arracher enfin de ce lieu détestable;
Mais lui me regardant avec cet air affable:
« Cette nuit, me dit-il, finira mes malheurs,
« Dieu m'a donné le jour, dieu va me le reprendre:
« Conservez pour mon fils cette amitié si tendre;
« Dites-lui, si jamais vous pouvez le revoir,
« Que je ne me plains pas des tourmens que j'endure;
« Mais que si, quelque jour, fidèle à son devoir,
« Il retrouve en son sein le cri de la nature;
« Que si, touché des maux que j'éprouve aujourd'hui,
« La pitié dans son cœur daigne se faire entendre,
« Pour prix de mon amour, j'ose espérer de lui

« Qu'il voudra bien verser quelques pleurs sur ma cendre.
« Il y verra gravé : Qu'un mortel corrompu
« A vivre sans remords ne peut jamais prétendre,
« Et qu'il n'est ici bas nul bonheur sans vertu. »
Ce vieillard, à ces mots, m'inonde de ses larmes :
Pour adoucir l'horreur de ses derniers momens,
Je promis (c'est à vous de tenir mes sermens)
Qu'attendri sur son sort, touché de ses alarmes,
Vous fuiriez pour jamais un ami sans pudeur ;
Que vous abjureriez le crime et l'imposture,
Pour suivre de nouveau le sentier de l'honneur.
J'ai promis ; répondez, me rendrez-vous parjure ?

BELFORT.

O mortel bienfaisant ! ami trop généreux,
Je m'abandonne à vous ; partons à l'instant même :
Pleurant sur le tombeau d'un père malheureux,
J'instruirai les témoins de mon désordre extrême,
Qu'on peut après le crime être encore vertueux.

VARMON.

Je te rends grâce, ô ciel ! d'une faveur si chère !
Je revois mon ami digne encor de son père.
Oui, nous allons partir ; avant la fin du jour,
Nous serons déjà loin de ce triste séjour.

(Il sort).

SCÈNE III.

BELFORT, *seul.*

Le sort en est jeté. C'est Varmon qui l'emporte :
Sa bonté me séduit ; sa grandeur me transporte.
Sectateur des penchans d'un mortel corrompu,
Vicieux malgré moi, sous le fardeau du crime,
Depuis plus de deux ans je gémis abattu.
Si, comme il le soutient, le vice est légitime,
Pourquoi, par le remords suis-je donc combattu !...

(Il tombe dans une profonde rêverie.)

SCÈNE IV.

BELFORT, *rêveur,* TERVILLE *dans l'enfoncement,* WILLIAM, *près de Terville. (Terville,
par cette scène concertée entre lui et William,
veut faire croire à Belfort, qu'il cherche à enchaîner par la reconnoissance, qu'il a envoyé de
l'argent à son père pour le secourir et le tirer de
prison.)*

TERVILLE, *à William, avec mystère, et lui remettant un porte-feuille.*

Mais surtout cache bien ton jeu.

WILLIAM, *mettant le porte-feuille dans sa poche.*

Soyez tranquille.

Et son père est bien mort ?

TERVILLE.

Oui, le fait est certain,
Un valet de Varmont me l'a dit ce matin.
*(Belfort fait un mouvement; Terville pousse William
sur la scéne.)*
Il est temps d'avancer.

BELFORT.

Si j'écoute Terville,
Suivant ses passions, n'écoutant aucun frein,
On peut impunément.... O mortel respectable,
Entre Terville et toi le choix n'est pas douteux ;
Celui qui mène au bien est l'ami véritable.
(Il va sortir et voit William).

WILLIAM.

Mon voyage, Monsieur, n'est pas des plus heureux ;
J'en suis désespéré. *(Tirant le porte-feuille.)* Voici....

BELFORT.

Que veut cet homme ?

WILLIAM.

Monsieur Berwick est mort; reprenez cette somme.

BELFORT.

Mon père!... Je le sais. Que veut dire ceci ?

WILLIAM.

Que j'arrive à Mintzor comme j'en suis parti.
Avec célérité j'ai rempli mon message.
Vous devez trouver là cinquante mille écus.

BELFORT.

Cinquante mille écus! comment?....

WILLIAM.

Pas davantage.
Ne m'avez-vous pas dit, Monsieur, que le surplus
Seroit pour mon salaire et les frais du voyage?

BELFORT.

Je suis loin de penser.....

WILLIAM.

Et Monsieur fait fort bien.
Je suis homme d'honneur.

BELFORT.

Je crois votre parole.

WILLIAM.

Je serois cousu d'or, que s'il n'est pas le mien,
Je n'en garderois pas la valeur d'une obole.

BELFORT.

Je ne le comprends pas; et lui-même....

WILLIAM.

Comment?
Votre nom n'est-il pas Belfort?

BELFORT.

Assurément.

WILLIAM.

N'aviez-vous pas, Monsieur, un père respectable?

BÉLFORT.

Et qui, pour son malheur, eut un fils trop coupable !

WILLIAM.

Que de vils usuriers, avec acharnement,
Dans le fond d'un cachot tenoient étroitement?

BELFORT.

Il est vrai ; j'en gémis !

WILLIAM.

Guidé par la tendresse
Que doit à ses parens un fils respectueux,
Pour arracher cet homme à ce séjour affreux,
Et fournir aux besoins qu'exigeoit sa vieillesse,
N'ordonnâtes-vous pas à l'un de vos valets
De remettre en mes mains ces précieux effets,
M'enjoignant de gagner Londres en diligence ?
J'y vole sans tarder ; mais, ô soins superflus,
Loin d'arracher ce père à sa triste existence,
Quand j'arrivai, Monsieur, il n'étoit déjà plus.
Reprenez ces billets.

BELFORT, *sans prendre le porte-feuille.*

Quelle main secourable,
Quel mortel généreux s'est servi de mon nom,
Pour arracher des fers?...Terville auroit pu?... Non,
Non, d'un semblable trait Terville est incapable.

TERVILLE , *qui a tout vu, tout entendu dans
l'éloignement, s'avance, prend avec dignité le
porte-feuille des mains de William, mais de
manière à être aperçu de Belfort. Mettant le
porte-feuille dans sa poche et parlant à William.*

Quoi ! déjà de retour? Laissez-nous un moment.

WILLIAM , *à Terville , jouant la surprise.*

C'est donc à vous, Monsieur, qu'appartient cet argent?

BELFORT, *à part, surpris de la générosité de Ter-*
ville et honteux de l'avoir soupçonné.

Ciel !

TERVILLE, *à William.*

Il suffit. Sortez!

SCÈNE V.

BELFORT, TERVILLE.

BELFORT, *à part, et confus.*

                    C'est Terville lui-même
Qui prend le nom du fils pour venir au secours
D'un père malheureux au déclin de ses jours.
Et j'ai pu....

TERVILLE , *à part.*

Le voilà dupe de l'artifice.

BELFORT, *s'approchant de Terville avec recon-*
noissance.

C'est vous.....

TERVILLE.

Ne parlons point d'un trop foible service.
Obliger ce qu'on aime est un plaisir si doux!
D'ailleurs, en pareil cas, mon cœur vous rend justice,
Vous eussiez fait pour moi ce que j'ai fait pour vous.

BELFORT.

Vous me connoissez mal; dans l'instant où Terville
M'accabloit de bontés, je me plaignois de lui.

TERVILLE.

Un aveu si soudain doit me rendre tranquille;
Si vous avez changé, ce n'est que d'aujourd'hui.
Varmon, lui seul.....

BELFORT.

Varmon est un homme estimable;
Varmon, toujours constant dans sa tendre amitié,
Veut rendre à son devoir un mortel trop coupable,
Un fils trop criminel.

TERVILLE,

Vous me faites pitié!

BELFORT.

Moi, je me fais horreur!

TERVILLE.

Que vous êtes à plaindre!

BELFORT.

Plus que vous ne pensez.

TERVILLE.

Mais qu'avez-vous à craindre?

BELFORT.

Je ne crains rien, hélas! puisque j'ai tout perdu.

3

TERVILLE.

Mon amitié vous reste.

BELFORT.

Et non pas.... (*Il n'ose achever.*)

TERVILLE, *ironiquement.*

La vertu?
Voilà bien de Varmon le langage sublime.

BELFORT.

N'en dites point de mal, Monsieur, je le connois.

TERVILLE.

Et moi bien plus que vous.

BELFORT.

Varmon a pour jamais
Toute ma confiance et toute mon estime.

TERVILLE.

Vous m'en voyez ravi; c'est un homme charmant,
J'en conviens avec vous, sensible, insinuant;
Toujours le maintien grave, affectant beaucoup d'ame,
(*Avec finesse.*)
Des complots qu'il ourdit cachant si bien la trame...

BELFORT.

Lui! Varmon?

TERVILLE, *feignant de sortir.*

Je vous laisse.

BELFORT.

Un mot, à votre tour.

TERVILLE.

Vous pourrez distinguer, avant la fin du jour,
Des deux amis, Monsieur, quel fut le véritable.
(*Il feint encore de vouloir sortir.*)

BELFORT.

Non, Terville, arrêtez! vous me glacez d'effroi.

TERVILLE.

Varmon le calmera.

BELFORT.

Suis-je assez misérable?
Ils s'entendent tous deux pour n'accabler que moi.
L'un me dit que Terville est sans mœurs, est sans foi;
L'autre me peint Varmon comme un être effroyable.
Par amitié pour moi, l'un et l'autre pourtant
Au secours de mon père ont volé sur-le-champ.
Chacun des deux m'embrasse, et ne cesse de dire
Que mon bonheur, hélas! est tout ce qu'il désire.
Ou Terville ou Varmon cache un cœur inhumain;
L'un de vous deux me hait, voilà le fait certain :
Mais lequel choisirai-je! Hélas! j'ai tout à craindre :
Haïssez-moi tous deux, je serai moins à plaindre.

TERVILLE.

Il vous faut une preuve, on vous la donnera.

BELFORT.

Et quelle preuve enfin?

TERVILLE.

Que Varmon est un traître.

3*

BELFORT.

Il me promet aussi qu'il vous démasquera.

TERVILLE.

Du transport qui m'agite à peine suis-je maître.

BELFORT.

Quand on a preuve en main, à quoi bon le courroux ?
C'est toujours de sang froid qu'il me parle de vous.

TERVILLE.

Eh bien donc, écoutez.

BELFORT.

                     Voyons son entreprise,
(Tremblant d'indignation et de ce qu'il va dire.)
Et si vous le pouvez..... parlez avec franchise.

TERVILLE.

Belfort à chaque instant se plaît à m'outrager.

BELFORT, *hors de lui.*

C'est que de votre bord je ne puis me ranger.

TERVILLE, *affectant beaucoup de calme.*

Répondez-moi, Belfort.

BELFORT.

                     Parlez, je vais répondre.

TERVILLE.

Varmon ne veut-il pas vous ramener à Londre ?

BELFORT.

De cette question j'ai lieu d'être surpris.

TERVILLE.

Me trompois-je? parlez.

BELFORT.

Si cet aveu vous touche,
Oui, j'en conviens, ce soir je quitte ce pays.
Qui vous a dit.....

TERVILLE.

Qu'importe? Apprenez de ma bouche
Qu'un autre, ici, ce soir, doit épouser Jenny.

BELFORT.

Jenny! que dites-vous? elle n'est pas ici.

TERVILLE.

Elle est ici, vous dis-je, et voilà sa demeure.
Cet objet adoré, cet objet odieux
Qui vous poursuit encor, je l'ai vu de mes yeux;
Vous la verrez vous-même avant qu'il soit une heure.

BELFORT.

Quoi! Jenny dans ces lieux? ô coup trop inhumain!
Varmon me l'a caché, mon malheur est certain.

TERVILLE.

On travaille dans l'ombre, agissons en silence.
Avec un homme droit la franchise suffit;
Mais avec l'hypocrite, il faut de la prudence.

BELFORT.

Ah! daignez satisfaire à mon juste dépit,
Nommez-moi mon rival.

TERVILLE.

Je le veux bien encore ,
Mais à condition que taisant mon secret ,
Vous dissimulerez le mal qui vous dévore.
Vous nous perdez tous deux par un mot indiscret.

BELFORT , *avec contrainte.*

Je me tairai.

TERVILLE , *avec mystère.*

Warner est l'amant qu'elle épouse.

BELFORT , *avec feu.*

Quoi! celui qui demeure au château de Mintzor?
Dans ce séjour?

TERVILLE.

Lui-même.

BELFORT.

Ah! j'en rends grâce au sort!
J'espère qu'à l'instant.....

TERVILLE , *l'arrêtant.*

A ta fureur jalouse ,
En dépit de ta foi , laissant un libre essor ,
A ton libérateur va donc donner la mort.

BELFORT.

Mon libérateur! lui?

TERVILLE.

Lui, c'est Warner, vous dis-je,
Qui daigna de Varmon m'avouer l'entreprise.
Ayant eu le bonheur de l'obliger jadis,

Warner m'est attaché par la reconnoissance,
Et sachant à quel point nos destins sont unis,
Il veut vous garantir des traits de la vengeance.
C'est par lui que je sais que cet homme sans foi,
Désirant se venger et de vous et de moi,
Afin de déguiser le piége qu'il vous dresse,
Doit feindre à votre égard un retour de tendresse;
Que pour mieux nous frapper il veut nous désunir.

BELFORT, *hors de lui.*

Nous verrons désormais s'il peut y réussir.

TERVILLE.

Qu'il veut vous arracher du séjour que j'habite.

BELFORT.

Je ne partirai pas.

TERVILLE.

Que d'un zèle hypocrite,
Par un espoir trop doux abusant votre cœur,
Il veut tenter encor de vous offrir sa sœur.
Du plan qu'il s'est tracé si la marche est suivie;
Il doit vous protester que fidèle à ses vœux,
La sensible Jenny que vous avez trahie,
Sitôt votre retour couronnera vos feux.
Entraîné par l'amour au fond du précipice,
Vous partez, et bientôt un ordre rigoureux,
Sollicité par lui, surpris à la justice,
Vous plonge pour toujours dans un cachot affreux.

BELFORT.

Quelle horreur!

TERVILLE.

Informé de sa trame ennemie,
Vous qui brûlez encor, vous croirez le cruel.
Eh bien! croyez-le donc; homme sans énergie,
Et courez au supplice en courant à l'autel.

BELFORT, *furieux.*

Je ne crois plus à rien, hors à la perfidie;
Amitié, sentiment, tendresse, amour, vertus,
Sont aux cruels humains des devoirs inconnus.
Il ne germe en leur cœur que crime et qu'infamie.
Plus à craindre cent fois qu'un lion en fureur,
Dont le rugissement fait fuir le voyageur,
L'homme artificieux sait déguiser sa trame;
A la rompre lui-même, il semble vous aider,
Par un zele affecté s'insinue en votre ame,
Et feint de vous chérir pour mieux vous poignarder.

(*Il sort*).

SCÈNE VI.

TERVILLE, *seul.*

Tu ressens donc déjà l'effet de ma vengeance?
Je suis content de moi, ton supplice commence!
Warner est prévenu, va, cours l'interroger.
Lui-même se jouant de ta propre foiblesse
Te dira qu'à Mintzor l'hymen va l'engager,
Et qu'il tient de Varmon la main de ta maîtresse.
          (*Inquiet, agité.*)
Mais j'ai trop fait peut-être, en disant que Jenny

Avec l'affreux Varmon est arrivée ici.
Si le coup est manqué, je me perds sans ressource.
Mais j'aperçois William.

SCÈNE VII.

TERVILLE, WILLIAM.

TERVILLE, *bouillant de crainte et d'impatience.*

Tout a-t-il réussi?

Le jockai de Varmon?.....
(*Apercevant William qui examine de tout côté
pour savoir si on ne les entend point.*)

Nous sommes seuls ici?

WILLIAM, *bas avec mystère et regardant encore si
personne n'écoute.*

Burck est déjà, Monsieur, de retour de sa course.

TERVILLE.

De retour, que dis-tu?

WILLIAM.

L'exacte vérité.

TERVILLE, *étonné, tremblant, impatient.*

Et la sœur de Varmon est-elle en ma puissance?
A-t-il manqué le coup? l'a-t-il exécuté?
Est-ce par ruse enfin, ou bien par violence,
Qu'il aura pu?... mets fin à mon impatience.

WILLIAM, *encore inquiet.*

A peine eus-je promis les cent livres sterlings.....
S'il remettoit Jenny, ce soir, entre mes mains.....

TERVILLE, *serrant et secouant William par le bras*
pour le tirer de son inquiétude et de son atten-
tion à regarder si personne n'écoute.

Tu me l'as dit, il part; après?

WILLIAM, *rassuré.*

La récompense
Enflamme son audace, et plus prompt que le vent
A l'hôtel de son maître, à Londres il se rend;
Trouve Jenny, se fait conduire en sa présence;
Dit qu'il vient la chercher, que son frère l'attend
Pour lui rendre Belfort qu'il croit digne encor d'elle;
La joie, à ce seul mot, dans ses yeux étincelle.
Une voiture est prête; elle y monte à l'instant.
Le rusé postillon revient à tire d'aile,
Et la belle est déjà dans votre appartement.

TERVILLE.

O fortune! pourtant quelque chose m'étonne.
Quelqu'un peut avoir vu....Je crains que l'on soupçonne.

WILLIAM.

Comment?

TERVILLE.

Belfort, Varmon, n'ont-ils rien aperçu?
Tout m'est suspect ici. Thom, lui-même, auroit pu...
Il prend peu d'intérêt à ma flamme trahie;
Dans ce moment surtout il faut qu'on s'en défie.

WILLIAM.

Burck étoit seul, vous dis-je, et Thom n'a point paru :
La nuit le protégeoit, personne n'a rien vu.

TERVILLE.

La nuit le protégeoit, ton idée est sublime !
Un dieu ne peut vouloir d'horribles attentats.
Si le jour suffisoit pour épargner ce crime,
Pourquoi le feu du ciel ne l'éclairoit-il pas ?

WILLIAM.

Burck, Monsieur,.....

TERVILLE.

Eh bien ! quoi ?

WILLIAM.

Redoutant que son maître
Ne le fasse arrêter s'il découvre ce tour,
Demande son argent afin de disparoître.

TERVILLE.

Je te suis à l'instant.

(William sort.)

SCÈNE VIII.

TERVILLE, *seul.*

Avant la fin du jour,
Oui, Belfort et Varmon, couple infâme et perfide,
Oui, vous ressentirez la rage qui me guide !
Et toi cruelle aussi dont je portai les fers,

Toi que j'idolâtrai, beauté fatale, songe
Que si je brûle encor, c'est du feu des enfers.
Que dis-je? les enfers; ils n'existent qu'en songe:
Le prêtre, le premier, en inventant ce mot,
Fit le ciel pour la dupe, et l'enfer pour le sot.....
S'il existoit pourtant, ce dieu que je blasphème?
Si.... mais non, non. Un dieu ne peut vouloir le mal,
Le crime contrit sa puissance suprême.
S'il existe, il a su qu'un penchant trop fatal
M'entraîneroit un jour à la scélératesse :
Pourquoi m'a-t-il créé? Je ne demandois pas
A sortir du néant; bien plus, si sa sagesse
A daigné, pour un jour, me jeter ici bas,
Pourquoi de la vertu n'orna-t-il pas mon être?
Dieu dut me créer bon, puisqu'il en fut le maître.

FIN DU SECOND ACTE.

ACTE III.

SCÈNE PREMIÈRE.

VARMON, JERWICK.

JERWICK.

La douleur va cesser de flétrir ma vieillesse,
Puisqu'il est vrai, milord, qu'abjurant son erreur,
Mon jeune maître enfin, grâce à votre tendresse,
Se range de nouveau sous les lois de l'honneur.

VARMON.

Homme chéri du ciel, homme que je révère,
Qu'à jamais, bon Jerwick, ton amitié m'est chère :
Oui, Belfort aujourd'hui, n'écoutant que son cœur,
Pour suivre la sagesse, abandonne le crime ;
Mais s'il déteste enfin un mortel sans pudeur,
Tes soins plus que les miens l'ont tiré de l'abyme.
Je l'amène avec moi, mais je t'emmène aussi,
Non pas pour me servir, pour être mon ami.
J'assure ta fortune, et veux que, dans l'aisance,
De ta carrière enfin tu termines le cours.
Le cœur droit, l'ame pure, une honnête existence,
Il ne te manque rien pour couler d'heureux jours.

JERVICK.

Pour peindre mes transports, si ma langue est muette,
Que mon silence au moins me serve d'interprète.
Ah! je jure, milord, que vos bienfaits toujours....

VARMON, *l'interrompant.*

Ce n'est pas un bienfait que de payer sa dette ;
Le riche à l'indigent doit assurer du pain.

JERWICK.

Ce n'est pas un bienfait? Qu'entends-je? quand sa main...
Il en est un, du moins, auquel j'ose prétendre,
Et que, pour cette fois, vous ne me devez pas.

VARMON.

Parle.

JERWICK.

C'est,

VARMON.

Quel est-il? je ne puis te comprendre.

JERWICK.

De souffrir que Jerwick se jette dans vos bras.
(*Varmon tend ses bras à Jerwick, qui sort après l'a-
voir embrassé.*)

VARMON.

Hélas! qu'il est privé d'un plaisir véritable,
Celui qui, possédant un peu d'or ici bas,
N'a jamais adouci les maux de son semblable.

SCÈNE II.

VARMON, *seul.*

Mais Belfort ne vient point; qui le retarde ainsi?....
Jenny l'aime toujours; s'il aime encor Jenny,
Que j'aurai de plaisir à couronner sa flamme!
Une fois que l'hymen captivera son ame,
En vain à ses erreurs voudroit-il retourner;
Au plus saint des devoirs tout saura l'enchaîner.
Pour ramener un cœur qui veut s'éloigner d'elle,
Une femme sensible, une épouse fidelle,
De la tendre amitié n'employant que la voix,
A ce cœur inconstant sait imposer des lois.
Et lorsqu'à tant d'attraits joignant le nom de mère,
Elle tient dans ses bras un gage de nos feux,
Qu'une union si douce alors doit être chère,
Et qu'elle nous impose un devoir onéreux!
L'enfance sur nos mœurs a des droits rigoureux;
Elle exige de nous une conduite austère;
Et si l'homme en tout temps doit être vertueux,
Il le doit plus encor sitôt qu'il devient père.
En attendant Belfort, entrons sous ces berceaux.

*(Belfort paroît ici dans l'enfoncement; il est
entendu de Varmon qui va pour pénétrer dans
les bosquets, mais qui revient sur ses pas lorsqu'il entend la voix de son ami.)*

SCÈNE III.

VARMON, BELFORT.

BELFORT, *dans le lointain et désignant Varmon.*
(*Il prononce le vers suivant pénétré de douleur.*)

Avec un front si calme a-t-on le cœur si faux !

VARMON, *revenant sur ses pas.*

N'entends-je pas quelqu'un? c'est Belfort, c'est lui-même.
De vous voir arriver que ma joie est extrême !
Rien ici désormais ne peut nous retenir;
Vous êtes prêt, sans doute, et nous pouvons partir.

BELFORT, *à part.*

A m'arracher d'ici je le vois qui s'empresse.

VARMON.

Vous ne répondez pas : d'où vient cette tristesse,
Ce chagrin concentré, cet air mystérieux?
Vous avez sur le cœur un poids qui vous oppresse :
Quand je vous ai quitté, vous étiez beaucoup mieux.

BELFORT.

Moi?

VARMON.

Vous.

BELFORT, *embarrassé.*

Non, je n'ai rien. Pourtant, je le confesse,
Londres, dans ce moment, me répugne à la mort.
J'y fus heureux jadis, maintenant sans fortune
Irai-je m'y traîner.....

VARMON.

La mienne t'est commune.
Reviens à la vertu, je réponds de ton sort.
Mais à Londres, cruel, n'est-il que moi qui t'aime?
Cette aimable beauté pour qui ton cœur brûloit.....
Viens tomber à ses pieds, elle est encor la même.

BELFORT, *à Varmon avec ivresse.*

Encor la même, ô ciel! Jenny me chériroit!
(*A part et modérant son transport.*)
Mais non, il me trahit; ma foiblesse est extrême.
Terville avoit bien dit qu'il me la promettroit.

VARMON, *sèchement.*

Blâmeriez-vous l'aveu que je viens de vous faire?
Et le don de sa main pourroit-il vous déplaire?

BELFORT, *froidement.*

Il ne me déplaît pas, vous pouvez le penser.

VARMON.

Ce sang froid cependant a de quoi me confondre.
A l'hymen que Varmon vient de vous proposer,
Ce n'étoit pas ainsi que vous deviez répondre.
Adieu. (*Il va pour sortir.*)

BELFORT, *l'arrêtant.*

Ciel! milord! moi (*il a la tête perdue*), j'ai pu vous
offenser.
Je ne sais que lui dire et par où commencer.
Que je suis malheureux!

4

VARMON, *avec chaleur.*

Et qui te force à l'être,
Ingrat? réponds-moi donc. Que faut-il? que veux-tu?

BELFORT.

Un mot rendroit le calme à ce cœur abattu.

VARMON.

Et quel est-il, ce mot?

BELFORT.

Ma demande, peut-être,
Va vous blesser.

VARMON.

Qu'importe, enfin, tout m'est égal,
Si je puis t'arracher d'un séjour que j'abhorre.

BELFORT, *après avoir hésité.*

Craignez-vous Dieu?

VARMON, *avec calme et sérénité.*

Moi? non.....

(*Au mot* non, *Belfort est étonné, mais le mot qui
suit le rassure.*)

Je l'aime, je l'adore,
Mais je ne le crains pas; je n'ai point fait de mal.

BELFORT.

Vous m'aviez effrayé, vous me rendez la vie.
Eh bien, milord, au nom de ce Dieu tout-puissant,
Répondez, m'aimez-vous?

VARMON.

Quelle étrange folie!

BELFORT.

J'en conviens; mais enfin répondez clairement:
M'aimez-vous?

VARMON.

Oui, je t'aime, et de toute mon ame.

BELFORT.

Et votre intention, en m'arrachant d'ici,
Fut de me rendre heureux, de couronner ma flamme?

VARMON.

Ce doute est offensant.

BELFORT.

Il doit être éclairci.

VARMON.

Pour t'en convaincre mieux, je t'offre encor Jenny.
Que te faut-il de plus?

BELFORT, *à part.*

Ma surprise est extrême.
Tout ce qu'il dit a l'air de la vérité même.

VARMON, *à part.*

Il détourne la vue et paroît interdit.

BELFORT, *avec l'effusion de la candeur.*

Vous ne me trompez pas?

VARMON.

C'en est trop.

4

BELFORT.

Ah! pardonne,
Mon cœur est déchiré, ma raison m'abandonne.....
Puisque vous vous taisez.....

VARMON.

A-t-il perdu l'esprit?

BELFORT.

Il est temps, à la fin, que je me fasse entendre.
S'il est vrai que Jenny ne chérisse que moi,
S'il est vrai qu'à mes feux vous destiniez sa foi,
Pourquoi la dérober à l'amant le plus tendre,
Me priver du plaisir d'expirer à ses yeux?
Pourquoi me la cacher, puisqu'elle est en ces lieux?

VARMON, *stupéfait*.

Quoi?

BELFORT, *remarquant l'inquiétude de Varmon.*

Quel étonnement!

VARMON.

Je ne puis vous comprendre.
(*Appelant très-haut.*)
Holà! quelqu'un!

BELFORT, *profondément rêveur et soupçonnant*
une trahison.

Terville est-il un imposteur?

VARMON, *revenant sur ses pas.*

Où donc? en quel moment l'avez-vous aperçue?
Dans quel endroit? comment?

BELFORT, *rêveur, interdit.*

Moi, je ne l'ai pas vue.

VARMON, *se rassurant.*

(*Deux valets à livrée et de la suite de Varmon pa-*
roissent dans l'enfoncement.)

Pourquoi, s'il est ainsi, me dire que ma sœur.....
(*Aux valets.*)
Jenny, dans ce séjour seroit-elle arrivée?

PREMIER VALET.

Votre sœur? Non, milord.
(*Regardant le second valet.*)

DEUXIÈME VALET.

Elle n'est point ici.

VARMON, *il leur fait signe de sortir.*

C'est assez.

BELFORT, *à part.*

De me perdre il auroit la pensée?
Lui?

VARMON, *revenant sur la scène.*

Vous vous trompiez : dites-moi, mon ami,
Lors même qu'en ces lieux elle fût descendue,
Son abord vous eût-il inspiré cet effroi?
Je vous vois et pâlir et trembler devant moi.
Quel tourment inconnu vous déchire à ma vue?

BELFORT.

L'hymen qui doit ici l'asservir à sa loi.

Vous daignez m'affirmer que j'obtiendrai sa foi.
Je vous crois ; cependant, malgré cette espérance ;
Warner dut l'épouser, et j'en ai l'assurance.

VARMON, *froidement, mais avec tendresse.*

Si je n'avois pitié du trouble où je te voi ,
A de pareils soupçons, à tant de méfiance,
Je me contenterois d'opposer le silence ;
Mais je veux bien encor te protester ici
Que de Warner toujours j'ignorai l'existence,
Et que loin de flatter l'espoir d'aucun parti,
A toi seul appartient de prétendre à Jenny.

BELFORT, *avec vivacité.*

Qui donc vous a conduit dans ce séjour ?

VARMON.

Toi-même

BELFORT, *avec empressement.*

Et de qui tenez-vous que j'habitois ces lieux ?

VARMON.

De Jerwick.

BELFORT, *avec joie.*

Dieu !

VARMON.

D'où vient cette surprise e xtrême

BELFORT.

Ce n'est pas pour conclure un hymen odieux
Que vous veniez.....

VARMON.

Touché du malheur qui t'accable,
Ce vieillard m'écrivit de me rendre à Mintzor
Afin de t'arracher des mains d'un misérable.

BELFORT.

Je respire.

VARMON, *lui présentant la lettre.*

Lis.

BELFORT, *repoussant le billet.*

Ah! n'aggravez pas mes torts.

VARMON.

L'homme fourbe qui cherche à tromper son semblable
Rarement est paré des traits de la vertu :
Un regard faux caché sous un front abattu,
A qui veut le connoître indique le coupable.
Regarde-moi, Belfort!

BELFORT, *baissant la vue.*

Suis-je assez confondu?
Souffrez....

VARMON.

Un mot encor; c'est toi qui l'as voulu.
S'il pouvoit te rester le plus léger ombrage,
Ce mot doit dissiper jusqu'au moindre nuage,
Ou ce cœur pour jamais va se fermer pour toi.
(*Avec solennité.*)
Quand la nécessité n'en fait pas une loi,
Attester Dieu n'est pas d'un être raisonnable.

De jurer par son nom je. n'eus jamais besoin;
Eh bien! dans ce moment je le prends à témoin
Que je ne t'ai rien dit qui ne soit véritable.

BELFORT.

Arrêtez! eh! pourquoi recourir au serment?
C'est accroître ma faute et doubler mon tourment.
Milord, au nom du ciel, si l'oubli d'une injure,
Si le pardon souvent vous parut un devoir,
Pardonnez de nouveau des soupçons que j'abjure.
Tour à tour agité par la crainte et l'espoir,
Je ne distinguois pas le vrai de l'imposture.
Mais le masque est tombé; je reconnois mon tort.
Oui, milord, vous m'aimez; toute mon existence
Est à vous, est pour vous; oui, ma reconnoissance,
Mon respect n'auront plus de bornes que. la mort.
(*Après lui avoir serré la main avec transport.*)
Je vous laisse.

(*Il sort égaré.*)

VARMON.

Où vas-tu?

BELFORT.

Je vais.... monstre exécrable!

VARMON.

Où vas tu? réponds-moi.

BELFORT, *sans regarder Varmon qui l'arrête.*

Quel homme abominable!
Warner dut l'épouser.....

(*Il veut encore sortir.*)

VARMON.

Je ne te quitte pas.
A Terville, sans doute......

BELFORT.

Ouï, j'en veux à sa vie;
Oui, je veux l'écraser! Il n'est que son trépas
Qui puisse me venger de tant de perfidie!

VARMON.

Arrêtez!

BELFORT.

Je le veux; laissez-moi.

VARMON.

Tu le veux?
Pour abréger ses jours as-tu des droits sur eux?

BELFORT.

La foudre doit tomber sur qui commet le crime.

VARMON.

Le ciel pour se venger n'a pas besoin de toi.

BELFORT.

Qui frappe un scélérat, a droit à mon estime.

VARMON.

Le droit de le punir n'appartient qu'à la loi.

BELFORT.

Quoi! vous voulez encor?...

VARMON.

Je veux que tu fléchisses :
Par ce tendre intérêt, par cet amour sacré,
Par ce respect enfin que ton cœur m'a juré,
Je veux que tu sois calme et que tu m'obéisses.
Cours hâter ton départ et reviens en ces lieux :
Je t'attends ; mais surtout évite un furieux
Plus dangereux encor s'il sait qu'on l'abandonne.

BELFORT, *résigné.*

Vous le voulez, milord ?

VARMON.

Je fais plus, je l'ordonne.

BELFORT.

Vous serez obéi.

(*Il sort.*)

SCÈNE IV.

VARMON, TERVILLE, *entrant par le côté
opposé à celui par lequel Belfort est sorti.*

VARMON.

Terville ! être odieux !
Le ministre connoît tes principes affreux ;
Et si je dois compter sur l'espoir qu'il me donne,
J'espère que bientôt, mortel trop dangereux.....
Mais c'est lui.

TERVILLE, *entrant brusquement sur la scène et montrant du doigt le lieu où Jenny est renfermée; il est animé.*

Je la tiens, là; sans qu'elle soupçonne
Que je suis tout-à-l'heure au comble de mes vœux.
(*Il aperçoit Varmon, et, saisi d'étonnement, il fait un pas en arrière.*)

VARMON, *froidement et tranquillement.*

Vous m'évitez, Monsieur?

TERVILLE, *s'avançant sur la scène.*

Je n'évite personne.

VARMON.

Vous ne redoutez rien?

TERVILLE.

Rien.

VARMON.

C'est ce qui m'étonne.

TERVILLE, *fièrement.*

Expliquez-vous, milord.

VARMON.

Je n'en ai pas besoin,
Et c'est à vos remords que j'en laisse le soin.

TERVILLE.

Pour avoir des remords il faut être coupable.

VARMON.

Il faut être coupable? Et vous ne l'êtes pas;
Vous?

TERVILLE.

Vous?... Mais à ce ton l'on me croiroit capable
D'avoir commis, Monsieur, quelques assassinats.
Qui vous porte à tenir ce langage perfide?

VARMON.

Ce n'est pas seulement en donnant le trépas
Qu'on se rend criminel, qu'on devient homicide:
Qui ne craint pas le ciel est un tigre sans frein;
Qui corrompt l'innocence est un vil assassin.

TERVILLE.

Je ne corromps personne; et, quant à ma croyance,
On est libre, je crois, de dire ce qu'on pense.

VARMON.

Si ce que vous pensez n'est qu'un système affreux,
Qui fait un criminel d'un homme vertueux;
Si ce que vous pensez abusant la foiblesse,
Porte un cœur innocent à la scélératesse;
Si ce que vous pensez me mène à l'échafaud,
Etes-vous libre alors de le dire tout haut?

TERVILLE.

Vous me jugez si mal que je dois vous répondre;
Et sans user ici de termes offensans,
Dont il vous plaît d'orner vos pompeux argumens,
Je me contenterai, milord, de les confondre:
Si tout s'anéantit, si j'ai pour sentiment

Qu'il n'existe après moi ni bonheur ni supplice,
S'ensuit-il donc de là que je doive être exempt
D'aimer la bienfaisance ainsi que la justice ?
Au contraire.

VARMON.

Au contraire ?

TERVILLE.

Oui, sans doute.

VARMON.

Un moment ;
Ce que vous avancez est une inconséquence :
Pourquoi faire le bien s'il est sans récompense ?

TERVILLE.

Vous ai-je donc tenu ce propos insensé ?
Si le bien, à la mort, n'est pas récompensé,
Il suffit qu'il reçoive ici bas son salaire,
Pour que tous les mortels soient portés à le faire.
L'intérêt les conduit. Qui pense fermement
Que le trépas pour lui n'est qu'un autre néant,
Doit, puisqu'il abandonne un bien imaginaire,
Faire, autant qu'il le peut, son bonheur sur la terre.

VARMON.

Et sans l'amour enfin de la divinité,
Sans l'appui consolant de son bras tutélaire,
Comment acquerrez-vous cet état souhaité ?

TERVILLE.

En aimant mon semblable, en cherchant à lui plaire,
En respectant les lois de la société,

En faisant au prochain le bien qu'on peut lui faire.
Inhumain, l'on me hait; fier, je suis détesté;
Bourru, chacun m'évite; avare, on me méprise :
Ce n'est pas tout encor; il est d'autres défauts
Qui me maîtriseront si je ne les maîtrise.
Pour être ambitieux, je n'ai plus de repos.
Le jeu me séduit-il? je cours à la misère.
Le vol coûte la vie au voleur arrêté.
Le vin nous abrutit. La sensualité
Nous calcine le sang et bientôt nous attère.
La débauche est l'écueil où l'homme le plus fort,
A la fleur de son âge, est surpris par la mort.
Pour trouver ce bonheur après lequel j'aspire,
Il faut donc que je sois humain, sobre, frugal;
Que je dompte un penchant qui me conduit au mal;
Qu'aux vœux des malheureux je m'empresse à souscrire;
Que je tarisse enfin les pleurs de l'indigent.
Doué de ces vertus, l'on me chérit, l'on m'aime;
Tout ce qui m'environne est heureux et content:
Dans le bien que je fais, dans l'amour qu'on me rend,
Je rencontre ici bas la volupté suprême ;
Et sans vouloir chercher, dans un monde à venir,
Un bonheur pour le bien, pour le mal des supplices,
Je vois que la nature eut soin de réunir
Le bonheur aux vertus et les tourmens aux vices.

VARMON.

Qui ne vous jugeroit que d'après ce discour
Panégyrique adroit des vertus apparentes,
Loin de vous soupçonner d'astucieux détours,
Vous croiroit un cœur pur et des mœurs innocentes?

Mais moi qui vous connois, moi, dont l'œil scrutateur
Pénètre malgré vous au fond de votre cœur,
Pensez-vous m'éblouir par ce langage austère?
Répondez-moi; pourquoi, si l'homme n'est heureux
Qu'en aimant son semblable, en cherchant à lui plaire;
Pourquoi donc, ourdissant des complots désastreux,
N'êtes-vous occupé que du soin de malfaire?
Est-ce donc essuyer les pleurs des malheureux
Que d'arracher un fils à l'amour de son père
Pour le précipiter dans des travers affreux,
Où l'assiégeoient ici la honte et la misère?
Arrachez-vous le pauvre à la mendicité?
Respectez-vous les lois de la société?
Remplissez-vous enfin les vœux de la nature,
Vous, qui des magistrats redoutez la censure;
Vous, qui toujours conduit par des sens réprouvés,
Avez pris dans ces lieux une retraite obscure
Pour vous livrer en paix à vos goûts dépravés?
Et vous ne craignez pas de dire en ma présence
Que le crime ici bas reçoit son châtiment;
Qu'ici bas la vertu reçoit sa récompense?
La vertu?... quand souvent nous voyons l'innocence,
Victime des complots ourdis par le méchant,
Terminer dans les fers sa pénible existence:
Et le crime puni?... Quelles absurdités!
Mais il ne l'est donc pas, puisque vous existez?

TERVILLE.

Le sarcasme est-il fait pour un homme aussi sage?
Qu'un prêtre qui du ciel exploite l'héritage,
Nourri de l'holocauste offert dans le saint lieu,
M'outrage avec fureur quand je détruis son Dieu.....

VARMON.

(*Avec transport.*)   (*Plus calme.*)

Quand vous le détruisez.... Quel excès de démence!
Vous pouvez, il est vrai, nier son existence;
Mais être convaincu qu'il ne vous entend pas,
Cette sécurité passe votre puissance.
La présence d'un Dieu qui voit ses attentats,
Pèse si puissamment sur l'ame de l'impie,
Qu'il craint ce Dieu vengeur alors qu'il le renie.

TERVILLE.

Pardon, mais n'en déplaise à vos raisonnemens,
Ce mot d'ame est encore un mot vide de sens.
Je ne sens pas mon ame; elle n'est pas matière,
C'est un souffle, un esprit, un rayon de lumière.....
Chacun sur sa nature a voulu discourir,
Et nul, jusqu'à présent, n'a pu la définir.
Son immortalité n'est qu'une belle histoire,
Où, ne comprenant rien, j'ai droit de ne rien croire.

VARMON.

D'un esprit dépravé funestes argumens[1]!
Tu ne crois, me dis-tu, que ce que tu comprends?
Mais tu ne crois donc pas à ta propre existence?
Car enfin comprends-tu par quel pouvoir immense,
Trituré dans ton corps par un levier puissant,
Le pain porte la vie à ce corps défaillant?
Comment la sève active, au lever de l'aurore,
Métamorphose en fruit la fleur qui vient d'éclore?
Par quel ressort caché, comment la rose enfin,
Exhale un doux parfum en entr'ouvrant son sein?

[1] Si cette pièce eût été jouée, on eût ici retranché plusieurs vers, ce style n'étant pas celui de la scène.

Inconcevable orgueil! Il s'ignore soi-même,
Et veut approfondir la sagesse suprême!
Dans ses œuvres enfin il ne veut pas la voir,
Parce que son esprit ne peut la concevoir.
Va! c'est que la raison, qui toujours nous éclaire,
Au bord de l'infini doit perdre sa lumière.
Mais pourquoi réfuter ces discours suborneurs?
L'espoir d'une autre vie est gravé dans nos cœurs.
Cet espoir consolant, d'un prix à qui tout cède,
Est pour l'infortuné le seul bien qu'il possède:

(*Désignant son cœur.*)

Quelqu'un lui dit ici: Souffre, souffre ici bas,
Dieu te tendra la main au jour de ton trépas.
Loin de moi, cependant, qu'il faille qu'on écrase
La secte qui n'est pas de mon opinion:
Encore que je tienne à ma religion,
Gardez-vous de penser qu'un faux zèle m'embrase.
Tous les cultes sont bons quand ils ont Dieu pour base.
Punissant les forfaits, pardonnant les erreurs,
Il ne nous juge pas d'après notre croyance,
Ce sont nos actions qu'il met dans la balance.
Des malheureux humains prévenant les fureurs,
Oui, des peuples divers si l'éternel lui-même
Eût voulu recevoir un hommage pareil,
Pour qu'on n'altérât point sa volonté suprême,
Il eût gravé sa loi dans l'orbe du soleil.
Mais s'il ne l'a pas fait, doit-on le méconnoître?
Quels que soient les écarts d'un cerveau déréglé,
En vain par ses discours l'homme insulte à son maître;
Il doit rester muet quand la foudre a parlé.
Je crois en toi, mon Dieu, j'y crois et veux y croire:

Je le sens chaque jour quand je t'offre mes vœux;
Ce n'est qu'en t'adorant qu'on est vraiment heureux.
Comment douter d'un Dieu dont tout prouve la gloire?
Si ma raison ne peut atteindre à sa hauteur,
C'est qu'il borna l'esprit de l'humaine nature,
Et qu'il ne donna point à l'humble créature
Le droit de s'élever jusques au créateur.
Sans nous la dévoiler il prouve son essence;
Et, pour mieux foudroyer le mortel orgueilleux
Qui voudroit quelque jour nier son existence,
D'un astre étincelant il enflamma les cieux
Et marqua l'univers du sceau de sa puissance.

TERVILLE.

Que ne parle-t-il donc, ce Dieu de l'univers?
Sur ce globe flétri par l'aspect des pervers,
En vain il imprima le sceau de sa puissance;
Le crime triomphant dément son existence.
Pourquoi, dans ce moment, si je suis criminel,
Ne fait-il pas sur moi descendre sa vengeance?

VARMON.

Parce que tu mourras, et qu'il est éternel.

(*Terville frémit.*)

TERVILLE, *avec dédain.*

Mais ne diroit-on pas, à cet air d'assurance,
Qu'un mot sentencieux est fait pour m'éblouir?

VARMON.

Il a fait plus encor, ce mot t'a fait frémir.

TERVILLE.

Frémir?

VARMON.

Tu crains déjà la céleste justice.

TERVILLE.

Je crains, moi?....

VARMON.

Toi! tu veux t'abuser, mais à tort;
Le coupable toujours a redouté la mort.

TERVILLE, *hors de lui.*

Je ne redoute rien.

VARMON.

Pas même ton complice,
Pas même ce Belfort, qui me suit cependant,
(*Ici Terville fait un mouvement de surprise.*)
Et qui, pour se venger d'un horrible artifice,
Si je l'eusse souffert, t'alloit percer le flanc?

TERVILLE, *avec rage.*

Eh bien, oui, la fureur, l'atroce jalousie,
La rage et ses transports, les serpens de l'envie,
Et tout ce qu'un reptile amasse de venin,
Fermentent dans mon cœur; je suis un monstre, enfin,
Mais un monstre affamé qui veut mourir de joie,
Quand ton cœur palpitant lui servira de proie.
Tu l'as dit, oui, Terville est un tigre sans frein,
Et qui ne craint ni toi ni justice divine :
Si je la voyois là.... je courrois la braver.
Et ce même Belfort, que tu crois m'enlever,
Va tourner contre lui le coup qu'il me destine.

(*Il sort.*)

5 *

SCÈNE V.

VARMON, *seul.*

J'avois cru qu'affichant tes principes affreux ;
Tu savois sous des fleurs cacher le précipice ;
Je m'alarmois à tort, tu n'es pas dangereux :
Dans toute sa laideur tu nous montres le vice ;
On l'embellit parfois, mais tu le rends hideux.

FIN DU TROISIÈME ACTE.

ACTE IV.

SCÈNE PREMIÈRE.

THOM, WILLIAM.

Je te cherchois, William, j'ai deux mots à te dire.

WILLIAM.

Parle.

THOM.

Regarde-moi.

WILLIAM.

T'examinai-je bien?

THOM.

Entre nous aujourd'hui la confiance expire?

WILLIAM, *cessant de fixer Thom.*

Cet exorde est touchant.

THOM.

Tu ne me caches rien?

WILLIAM.

Rien.

THOM, *examinant William avec attention.*

Terville, doutant de mon obéissance,
Ne t'auroit pas chargé du soin de sa vengeance?

WILLIAM, *sans être ému et sans regarder Thom.*

Ton bras à le servir est plus fait que le mien,
Et de son maître Thom connoît trop la prudence,
Pour croire qu'aujourd'hui, contre son intérêt,
Terville m'eût chargé de quelque coup secret.

THOM.

Puisque William s'obstine à garder le silence,
Je vais parler.

WILLIAM.

Voyons, que sais-tu?

THOM.

Je sais, moi,
Qu'il existe à présent, entre Terville et toi,
Un projet bien formé d'exécuter un crime
Qui doit être funeste à plus d'une victime;
Et que Belfort, objet d'un injuste courroux,
Doit, ainsi que Varmon, succomber sous vos coups.
Je sais que, cette nuit, de Londres enlevée,
Une jeune beauté par Burck vous fut livrée :
Que Terville la tient dans son appartement,
Et que, malgré ses cris, ses prières, ses larmes,
Il vient de lui ravir un écrit important.
Je sais que, par tes soins, des chevaux et des armes,
D'un complot criminel présage trop certain,
Sont cachés dans le bois qui borde le chemin.
Je sais enfin....

WILLIAM, *froidement.*

Je vois Terville qui s'avance.

THOM, *avec désespoir et menaçant William.*

Scélérat! Son abord me contraint au silence.
S'il soupçonne un moment que je l'ai deviné,
Je ne prévois que trop quel sort m'est destiné:
Mais contre un assassin j'ai su me mettre en garde,
Et si tu dis un mot, c'est moi qui te poignarde.

(*Il sort après avoir menacé William d'un poignard. Terville n'entre sur la scène par le
côté opposé à Thom, que quand ce dernier est
entièrement hors du théâtre.*)

WILLIAM.

Il n'a pas cru parler de la sœur de Varmon,
Il ne sait rien encor, s'il ignore son nom.

SCÈNE II.

WILLIAM, TERVILLE.

TERVILLE, *l'air furieux, un papier à la main.*

La voilà donc enfin cette exécrable lettre!

WILLIAM, *à Terville, avec mystère, et bas.*

Nous sommes soupçonnés, l'on va nous découvrir.

TERVILLE.

Tout est prêt, cher William, et nous allons partir.

SCÈNE III.

TERVILLE, *seul.*

Cruelle, à ton Belfort tu croyois la remettre.
Non, c'est moi qui la tiens; en te rendant ici,
Tu croyois accourir à la voix de ton frère,
A la voix d'un amant. Et c'est leur ennemi
Qui se sert de leur nom pour combler ta misère.
Dès que tu m'aperçus tu reculas d'effroi;
Tu reconnus mon crime, et demandois vengeance;
Tu voulus m'échapper : inutile espérance,
Il n'est plus de Belfort ni de Varmon pour toi;
Tes pleurs, ton désespoir, ton sang, tout est à moi.

(*Il lit la lettre bas et après un moment de lecture.*)

Eh! quoi? l'on ourdissoit la trame la plus noire.

(*Il continue, puis il s'arrête.*)

Hâtez-vous donc, cruels, de terminer mon sort,
Ou tremblez; car je tiens l'arrêt de votre mort.

(*Il continue encore la lecture tout bas; et, après
avoir fini et examiné la lettre de tous les côtés,
il dit.*)

Me trompois-je? non, rien qui puisse faire croire
Que l'ingrate écrivoit cette lettre à Belfort.
(*Avec joie.*) Voyons. (*Il lit haut et précipitamment.*)
« Soumise aux volontés d'un frère, j'arrive à Mintzor
« pour y recevoir votre main. Où donc êtes-vous?
« Et pourquoi ne vous vois-je point? Celui qui, trop

« long-temps, vous fit tort dans mon cœur, subira
« bientôt, je l'espère, le sort qu'il mérite. On n'a
« rien négligé et l'on ne négligera rien pour assurer
« son châtiment; fallût-il même que Varmon s'abaissât
« jusqu'à feindre avec lui, je l'ai vu assez irrité, pour
« croire qu'il ne rougiroit pas d'employer.....J'en-
« tends du bruit, on vient; c'est vous, sans doute,
« ou plutôt c'est toi, toi, dont je m'occupois dans
« cette lettre que je n'interromps que pour voler dans
« tes bras. »

Belfort n'est point nommé, je puis lui dire......
Oui, que c'est à Warner que Jenny vient d'écrire.
C'est Warner que l'on aime, et lui qu'on veut punir.
Il ne peut soupçonner, quand je tiens cette lettre,
Que c'étoit à lui seul qu'on devoit la remettre.
Il croira que Varmon désirant le flétrir,
S'abaissa jusqu'à feindre et voulut le trahir.

        (*Il met la lettre dans sa poche.*)

Il est donc arrivé l'instant de la vengeance!
Pour mieux t'envelopper, ô couple malfaisant,
Si je sus imiter les replis du serpent,
Que ne puis-je en avoir aujourd'hui la prudence!
J'entends du bruit, on vient, à mon saisissement
Je m'en étois douté, c'est Belfort qui s'avance.

        (*Après avoir dit j'entends du bruit, Terville
        regarde du côté de la coulisse où doit arriver
        Belfort.*

Fléau de la nature, âme des noirs détours,
Qui, sous un masque humain, réside dans les cœurs,
Toi, dont le regard faux, le perfide sourire,

A causé plus de maux que le fer des tyrans,
Hypocrisie, enfin, que ton souffle m'inspire!
Pour mieux frapper mes coups et venger mes tourmens
Prête-moi ton langage et ses charmes puissans.
Quand mon cœur tout entier est en proie à la rage,
Que la sérénité règne sur mon visage!
Et quand de noirs forfaits tout mon être est imbu,
Sur mon front, s'il se peut, fais briller la vertu.

SCÈNE IV.

TERVILLE, BELFORT.

BELFORT, *dans l'enfoncement.*

Est-il à son aspect d'horreurs que je n'éprouve!
(*Il tire son épée et s'avance furieux contre Terville.*)
De tant d'atrocités je suis las à la fin :
Je ne te cherchois pas ; mais, puisque je te trouve,
Arrache-moi la vie ou péris de ma main.

TERVILLE, *froidement et jouant l'étonné.*

Comment?

BELFORT.

Point de discours, la chose est superflue:
Il faut que je succombe, ou bien que je te tue.

TERVILLE, *d'un ton léger.*

L'alternative est belle, à ce que j'aperçois.
C'est votre dernier mot?

BELFORT.

Trève de raillerie.

TERVILLE, *plus de fermeté.*

Je ne plaisante point; mais si votre furie
Veut permettre un moment que j'élève la voix;
Sans vouloir ralentir l'ardeur qui vous domine,
Ni refuser ici de me battre avec vous,
Je vous demanderai d'où naît votre courroux;
Car faut-il bien savoir pourquoi l'on s'assassine.

BELFORT.

Je n'assassine point, traître! il n'est que ton bras
Qui puisse se venger par des assassinats!

TERVILLE, *irrité.*

Malheureux! et c'est toi qui me tiens ce langage?
Va, je te plains encor quand ta fureur m'outrage.
D'un homme astucieux jouet infortuné,
A vivre de tourmens es-tu donc condamné?
Et ton sort, en un mot, est-il si déplorable
Qu'on ne puisse t'aimer ou te faire du bien,
Sans que l'on soit frappé du malheur qui t'accable?
Cruel, à ton repos sacrifiant le mien,
N'ai-je pas déserté le séjour de la ville
Pour venir, avec toi, partager un asile,
Où j'ai su te soustraire à tous tes créanciers?
En butte à leurs clameurs, sans espoir, sans ressource,
N'ai-je pas, à tes yeux, en épuisant ma bourse,
Appaisé quelques-uns de ces vils usuriers?
Et la misère alors me devenant commune,
N'ai-je pas avec toi partagé ma fortune?
N'ai-je pas recueilli tes larmes dans mon sein?

Où sont donc les noirceurs qu'ici tu me supposes?
Réponds, ingrat, réponds et dis-moi, si tu l'oses,
Comment ton seul ami, ton bienfaiteur, enfin,
A tes yeux, aujourd'hui, n'est plus qu'un assassin?

BELFORT.

Je connois vos bienfaits; et, sans qu'on me les nomme,
Leur faux éclat, peut-être, auroit pu m'éblouir,
Si je ne savois pas que, pour mieux nous trahir,
L'hypocrite toujours prend l'air de l'honnête homme;
Pour marcher à son but, il feint de nous servir;
Mais ce même bienfait qui d'abord en impose,
Décèle sa noirceur dès qu'on en sait la cause.

TERVILLE, *appuyant sur les vers suivans.*

Ainsi donc, aujourd'hui, ma conduite à tes yeux
Recéloit de nouveau quelque horrible mystère,
Lorsque ce cœur blessé des fers d'un malheureux
Voloit secrètement au secours de ton père!

BELFORT.

Mon père!.....Il dit vrai! Ciel!

TERVILLE.

                    Quand touché de son sort,
Du sort où l'a réduit ta fatale imprudence,
Je voulois, me vouant moi-même à l'indigence,
L'arracher à l'opprobre, encor plus qu'à la mort?

BELFORT, *confus, désespéré.*

A l'opprobre! Grand dieu! quel mot épouvantable!
Moi, j'ai couvert d'opprobre?....
(*Il laisse tomber son épée*) O moment plein d'horreur!

(Désignant Terville.)

Je viens pour le confondre, et c'est lui qui m'accable !

TERVILLE.

Fidèle à l'amitié, sensible à ton malheur,
Je prends soin d'écarter le chagrin de ton cœur.
Informé chaque jour du destin de ton père,
Je te cache ses maux, sa honte, sa douleur,
Pour ne point t'accabler du poids de sa misère ;
Et c'est dans ce moment.....

BELFORT.

Barbare, vous saviez
Qu'il touchoit au trépas et vous me le cachiez ?
Et cette perfidie, et cet affreux silence,
Vous les placez encore au rang de vos bienfaits ?
Si de son sort, du moins, j'avois eu connoissance,
Volant à ses genoux expier mes forfaits,
Le repentir d'un fils eût eu pour lui des charmes :
Mon père désarmé m'eût baigné de ses larmes,
Sous le sein paternel j'aurois été pressé !
Mon père avant sa mort m'eût encore embrassé.

TERVILLE.

Ah ! toujours aveuglé par ta fureur extrême,
Si je t'eusse informé de son cruel destin,
Alors tu m'aurois dit que j'enfonçois moi-même
Le poignard dans ton cœur.

BELFORT.

Mais, dis-moi donc enfin,
Si tu voulois hier lui conserver la vie,

A son fils aujourd'hui pourquoi percer le sein ?
Pourquoi tant de grandeur et tant de perfidie ?
Pourquoi m'affirmes-tu qu'infidèle à sa foi
Jenny cherche ma mort quand son cœur est à moi ?

TERVILLE.

A toi !

BELFORT.

Me soutenir qu'elle est avec son frère ?
Que de son arrivée on me fait un mystère,
Lorsque jamais Jenny n'approcha de ces lieux ?

TERVILLE, *feignant de la surprise.*

Comment ?

BELFORT.

Jamais, Varmon en atteste les cieux.

TERVILLE.

Vous l'avez informé. . . .Mais quel affreux délire !
Quel homme es-tu donc ? Non, je ne saurois te dire
Combien je te méprise !

BELFORT.

Eh quoi ?

TERVILLE.

Quand par pitié
Je te découvre un piége où l'on veut te surprendre,
Tu m'y jettes moi-même, et ne peux te défendre
Sans blesser à la fois l'honneur et l'amitié ?

Du secret de Warner j'étois dépositaire;
En trahissant pour toi ce secret important,
Je me flattois du moins que tu saurois te taire,
Et tu vas à Varmon l'apprendre sur-le-champ !
Cœur ingrat et perfide ! Homme sans caractère,
Crois-tu m'en imposer par cet air furieux?

(*Voyant Belfort abattu et consterné.*)

Oui, ta mort ou la mienne est enfin nécessaire:
Qui trahit l'amitié n'est qu'un lâche à mes yeux.
Relève ton épée.

BELFORT, *déchiré, incertain.*

Écoute-moi, Terville.

TERVILLE, *le repoussant.*

Je ne t'écoute plus; le sort en est jeté;
Toute explication deviendroit inutile.
De nouveau, dès ce soir, je serois insulté;
A quoi bon vous prouver encor mon innocence
Le dernier qui vous parle est toujours écouté.

BELFORT.

Vous pourriez me prouver?. . . .

TERVILLE.

Rien!

BELFORT.

Rompez un silence
Qui déchire mon cœur des traits les plus cuisans.

TERVILLE.

Non, prends ce fer, te dis–je, et que rien ne t'arrête
Tu demandes mon sang, viens, ta victime est prête.

BELFORT.

Quel sort épouvantable! et quels affreux tourmens!...
O vous! nature! esprit! feux célestes! génie!
Êtres qui présidez à ce vaste univers,
Divinités du ciel! déités des enfers!
Vous tous qui concourez à nous donner la vie,
Impitoyables dieux, ne m'avez-vous formé
Que pour amonceler vos fureurs sur ma tête,
Et dévorer un cœur que vous avez créé?

(Se précipitant aux pieds de Terville.)

En est–ce assez! je tombe à tes genoux!

TERVILLE, *feignant de l'empêcher, mais par un
geste particulier, montrant qu'il est enchanté de
voir Belfort à ses pieds.*

Arrête.

BELFORT.

Non, je veux y rester; j'implore en ce moment
L'homme le plus sensible ou le plus exécrable.

(Après son jeu de satisfaction, Terville feint
de s'attendrir sur le sort de Belfort.)

Si tu n'as pas pitié de mon sort déplorable,
Si tu te fais un jeu de mon aveuglement,
Terville, tu dois être un monstre épouvantable!

*(Il se relève précipitamment et
presse Terville entre ses bras.)*

Que vois-je ? des pleurs ! ciel..... Au nom de l'amitié,
Pardonne à ton Belfort tous les maux qu'il te cause !
Daigne lui conserver un reste de pitié ;
C'est encor dans ton cœur que son destin repose.
Tu dois me garantir des coups d'un ennemi.
En dévoilant enfin et Varmon et Jenny,
Sauve-moi des tourmens où mon erreur m'expose ;
Quel que soit cet aveu, je te le jure ici !
Je ne trahirai plus le secret d'un ami.

TERVILLE, *se tournant du côté de Belfort et le regardant avec attendrissement.*

Si vous n'aviez, hélas ! que Varmon à combattre,
Et que le sentiment qu'il sut vous inspirer,
Je n'hésiterois pas, Belfort, à vous montrer
Un écrit qui, pourtant, suffit pour vous abattre ;
Mais vous aimez Jenny ?

BELFORT, *précipitamment.*

　　　　　Ce n'est point un secret,
Je l'idolâtre encore, eh bien ?

TERVILLE, *lentement.*

　　　　　Quel coup funeste !
Quand l'objet qu'on adore.....

BELFORT.

Achevez.

6

TERVILLE.

Nous déteste,
Et de sa propre main a signé notre arrêt!

BELFORT.

Elle auroit pu?..... _

TERVILLE.

Mais non, croyez-en ma tendresse,
Quittons pour le moment un sujet qui vous blesse;
Votre cœur oppressé ne supporteroit pas. . . .

BELFORT.

Non, parlez, dussiez-vous me donner le trépas.
Ce silence, bien loin de fermer ma blessure,
Ajoute, à chaque instant, au tourment que j'endure.

TERVILLE.

Je crains. . . .

BELFORT.

Ne craignez rien, je me résigne à tout;
D'ailleurs, en exigeant cet aveu détestable,
Si je succombe.....

TERVILLE.

Alors. . . .

BELFORT.

Je suis le seul coupable;
Ce n'est plus vous, c'est moi qui me porte le coup.

TERVILLE.

Pour vous faire connoître et Varmon et son ame,
Je vous avois promis de dévoiler sa trame;
Je vous avois promis de vous prouver encore
Que sa sœur, par lui-même en ces lieux amenée,
Venoit y contracter un perfide hymenée.
Lisez, et, modérant un trop juste transport,
Voyez par cette lettre à Warner adressée,
Si je vous ai jamais trompé sur votre sort.

BELFORT, *hors de lui, prenant la lettre.*

Une lettre à Warner?....Sa main l'auroit tracée;
　　　　　(*Avec impatience.*)　　(*Avec effroi.*)
Non, non!....Cette écriture? Est celle de Jenny.
　　(*Il lit en tremblant.*)
« Soumise aux volontés d'un frère, j'arrive à Mintzor..
　　(*S'interrompant.*)
Cruel! il est donc vrai, la perfide est ici!
Ah!......

TERVILLE.

　　Que vois-je, Belfort, vous changez de visage:
Vous n'êtes pas fidèle à vos engagemens,
Et vous m'aviez promis de montrer du courage.

BELFORT.

(*Se contraignant, mais éprouvant des crispations
de fureur.*)
Qui? moi?..Je suis tranquille...et maître de mes sens...
Non, je ne souffre pas!....Dieu!
　　　　　(*Il continue de lire tout bas.*)
6 *

TERVILLE, *à part et jouissant du trouble de Belfort.*)

Je respire!

BELFORT, *lisant haut.*

« Fallût-il même que Varmon s'abaissât jusqu'à
« feindre avec lui....

Infâme!

(*Il broie la lettre dans sa main, sans l'achever.*)
C'en est trop! c'en est trop! quelle exécrable trame!

TERVILLE.

Qu'avez-vous?

BELFORT, *hors de lui.*

Va–t–en! évite ma fureur!
Je ne distingue plus, je ne vois plus personne,
Je pourrois te confondre avec un imposteur:
Le crime est dans mon cœur, et la mort m'environne.
(*Il ramasse son épée et en menace Terville.*)
Va–t–en, te dis-je.
(*Terville s'éloigne à pas lent et en jouissant du
sort de Belfort anéanti de douleur.*)

SCÈNE V.

BELFORT, *seul.*

Oh! oui! je suis las de souffrir...
L'existence n'est plus qu'un fardeau qui m'accable....

Oui, tout me fait horreur, me pèse..Il faut mourir!

(*Il sort de sa léthargie et redevient furieux.*)

Mais avant mon trépas vengeons-nous du coupable!
Le voilà!

(*Il fond sur Varmon, l'épée à la main, leurs fers s'engagent.*)

SCÈNE VI.

BELFORT, VARMON, JERWICK, *qui entre postérieurement à Varmon et ainsi qu'il va être indiqué.*

BELFORT, *pressant Varmon de son épée.*

Défends-toi!

VARMON, *se défendant, mais sans vouloir blesser Belfort.*

Que fais-tu? misérable.

BELFORT, *furieux.*

Je veux....

VARMON.

Arrête.

BELFORT.

Non.

JERVICK, *il entre ici précipitamment, et se trouve aussitôt près de Belfort et Varmon qui se battent au fond de la scène.*

Ciel! que vois-je! ô fureur!

Ici Varmon fait sauter l'épée de Belfort.

Courez, milord, Terville enlève votre sœur.

VARMON, *effrayé, sortant l'épée à la main.*

Ma sœur!

BELFORT, *anéanti, à Jerwick.*

Terville? eh bien! sa sœur? que veux-tu dire?

JERWICK, *précipitamment.*

Que Terville, fidèle au crime qui l'inspire,
A Londres, hier, par ruse, a fait ravir Jenny;
Que loin de soupçonner cet horrible mystère,
Elle croyoit se rendre aux ordres de son frère,
Quand ce monstre, en secret, la tint captive ici.

BELFORT, *avec désespoir.*

Mais ce n'est plus pour moi, Jerwick, qu'elle respire,
Un autre en est aimé; dans ce billet affreux,
J'ai vu....

JERWICK, *vivement.*

C'étoit à vous qu'elle croyoit l'écrire.
Thom a tout découvert; en s'offrant à ses yeux,
Terville l'arracha des mains de sa victime.

BELFORT.

L'horreur!

JERWICK.

Et maintenant que, calculant ses coups,
Il a contre Varmon armé votre courroux,
Il enlève Jenny pour consommer son crime.
Jugez de l'homme enfin par sa duplicité;
Cet argent, en secret, à Londres transporté,
Et dont il affectoit de vous faire un mystère,
Entre William et lui n'est qu'un jeu concerté;
Le monstre n'a jamais secouru votre père.

BELFORT, *s'appuyant sur Jerwick.*

Assez, Jerwick, assez.

JERWICK, *le soutenant.*

Mon maître, mon ami,

BELFORT.

Que t'ai-je fait, mon dieu, pour m'accabler ainsi!

JERWICK.

Rassurez-vous, milord approche, il va paroître.

BELFORT, *se couvre le visage.*

Varmon? où me cacher?

SCÈNE VII ET DERNIÈRE.

VARMON, *suivi de plusieurs valets qui restent dans l'enfoncement.*

BELFORT, *sur le devant de la scène, appuyé sur Jerwick et n'osant envisager Varmon.*

JERWICK, *près de Belfort et occupé de lui.*

THOM, *il n'entre que quelque temps après Varmon.*

WILLIAM, *amené sur la scène par Thom.*

TERVILLE, *il n'entre que le dernier.*

VALETS *de la suite de Varmon.*

VARMON, *entrant par le fond du théâtre, à gauche du spectateur, ainsi que tous les autres personnages, paroît sur la scène en remettant son épée dans le fourreau ; il a l'air calme.*

. Que d'horreurs ! mais enfin
Je viens de l'arracher aux fureurs de ce traître.

BELFORT, *avec transport, sans regarder Varmon.*

Elle est en sûreté.... quelle invisible main ?...
Je ne t'oublierai plus, dieu du ciel ! O mon maître !
Jamais les malheureux ne t'implorent en vain ;
D'un cœur trop endurci tu t'éloignes soudain,
Mais tu te fais sentir à qui veut te connoître.
Jenny respire encor ; je bénis mon destin.

VARMON, *toujours en arrière de Belfort.*

Tu l'entends, O mon dieu! que ta bonté le touche,
Et grave dans son cœur le serment de sa bouche!

(*Ici Thom entre précipitamment, tenant un pistolet d'une main et William de l'autre, qu'il
remet avec violence sous la garde des valets
de Varmon, qui restent dans le fond.*)

THOM.

Ne quittez pas ce traître, et veillez sur son sort.
(*Il avance sur la scène, en remettant le pistolet
à sa ceinture.*)

VARMON.

Thom, est-ce toi, Terville?....

THOM.

Il expire, milord,
C'est le coup que ce monstre a reçu de vous-même
Lorsqu'il vous attaquoit, qui lui donne la mort.
On vole à son secours, mais dans sa rage extrême
Il déchire ses flancs et repousse le bras
Qui cherche à reculer l'instant de son trépas.
Oui, c'est lui que je vois.

(*A ce mot, tous les acteurs, hors William, qui
a la honte et le désespoir sur la figure, exami-
nent de loin Terville, qui va entrer par une
coulisse du milieu à gauche du spectateur.
Thom est particulièrement tourné vers cette
coulisse, jusqu'au moment où Terville paroît
sur la scène.*)

Il se soutient à peine...
Frappé de la terreur qui poursuit l'assassin,
Mégère a secoué ses serpens dans son sein.
Egaré, furieux.... Mais c'est lui, c'est la haine !
Le voilà ! voyez !

(*Terville paroît ici en se traînant avec tous les
symptômes de la douleur et du désespoir. A
sa vue, tous les acteurs font un mouvement
d'horreur.*)

TERVILLE.

Oui, c'est Terville expirant.

BELFORT, *voulant s'élancer sur Terville.*

Tigre !

JERWICK, *le retenant.*

Arrêtez !

(*Belfort, en faisant le mouvement qui doit le
porter sur Terville, se trouve presque en face
de Varmon, qui se contente de le regarder, et
Belfort, à son aspect, reste immobile et confus.*)

TERVILLE.

Qui vient vous braver en mourant....
(*A Varmon.*)
Rends grâces à ton dieu ; car en m'ôtant la vie,
Ton bras vient d'arracher ta sœur à l'infamie.
D'un amour méprisé l'objet le plus constant
Fut de l'assassiner en la déshonorant ;
Et si cette espérance aujourd'hui m'est ravie,
J'ai du moins à ses yeux avili son amant.

(Désignant Belfort.)

Non, ne te flattes pas de l'arracher au crime,
Quand j'ai mis dans son cœur le germe des forfaits.
Il est perdu, te dis-je, et perdu pour jamais.
Puisse-t-il, en tombant, t'entraîner dans l'abîme !

VARMON.

A tant d'atrocités joins ces vœux superflus.
(Il ouvre ses bras à Belfort qui s'y jette.)
Ta mort va sous ses pas combler le précipice.
Je le tiens dans mes bras, il n'en sortira plus.

BELFORT, *à Varmon, le pressant sur son cœur.*
Puisse mon repentir accroître son supplice !

TERVILLE.

Quel silence profond vient me glacer d'effroi !
Quel horrible nuage obscurcit la lumière !
Je cherche à m'appuyer, tout fuit autour de moi ;
Suis-je donc réprouvé de la nature entière ?
Mais quels déchiremens ! est-ce une illusion,
Et le remords enfin ?.... Quel funeste délire !
Tout ne s'éteint-il pas avec moi quand j'expire ?
Craindre un être éternel ? lui demander pardon ?
Pardon, qui ? moi ? jamais ! il n'est point de dieu ! non !
(Il tombe.)

VARMON.

Va, de ce dieu déjà tu ressens la puissance,
Le temps est écoulé, l'éternité commence.

FIN.

www.ingramcontent.com/pod-product-compliance
Lightning Source LLC
Chambersburg PA
CBHW060639100426
42744CB00008B/1686